IMPRIMERIE DE E. DÉPÉE — A SCEAUX.

BOUQUETS

ET

PRIÈRES

PAR

Mme DESBORDES VALMORE.

PARIS
DUMONT, ÉDITEUR,
PALAIS-ROYAL, 88, AU SALON LITTÉRAIRE.

1843

UNE PLUME DE FEMME.

Courez, ma plume, courez : vous savez bien qui vous l'ordonne.

Je prie un génie indulgent de répandre sur votre travail le charme mystérieux de la fiction, afin que nul ne sache la source de vos efforts et de la fièvre qui vous conduit : On se détourne des sources tristes. Que mon âme soit ouverte seulement au regard du Créateur. Laissez-la seule dans ses nuits d'insomnie : elle ne raconte pas la cause de ses débats avec la terre. Dieu sait qu'à cette sainte cause est suspendu l'espoir de rentrer un jour dans son ciel, comme un enfant dans la maison de son père. L'enfant prodigue a souffert avant de voir la porte maternelle se rouvrir devant lui : sans ses larmes amères y serait-il jamais revenu ?

Courez donc, ma plume, courez : vous savez bien qui vous l'ordonne.

Je vous livre mes heures, afin qu'elles laissent, par vous, une faible trace de leur passage dans cette vie. Quand elles traverseront la foule, sur les ailes de mon affliction, si l'on crie : « Elles n'ont pas d'haleine. » Dites que le grillon caché dans les blés forme une musique faible aussi ; mais qui n'est pas sans grâce au milieu du tumulte pompeux des merveilles de la nature ; répondez pour moi ce que Dieu a répondu pour le grillon :

« Laissez chanter mon grillon ; c'est moi qui l'ai mis où il chante. Ne lui contestez pas son imperceptible part de l'immense moisson que mon soleil jaunit et fait mûrir pour tous. »

Courez donc, ma plume, courez : vous savez bien qui vous l'ordonne.

L'austère inconstant, le Sort, qui m'a dit : *Assez*,

quand je lui demandais ma part des biens de l'existence ; le Sort qui m'a dit : *Non !* quand je levais mes yeux pleins de prières pour obtenir encore un de ses sourires, a laissé pourtant tomber dans ma consternation, un bien dont l'apparence était de peu de valeur, mais qui deviendrait une palme de salut, si quelque fil de la Vierge l'enveloppait de divine pudeur : c'est vous, ma plume, détachée du vol d'un pauvre oiseau blessé comme mon âme, peut-être ; c'est vous, que personne ne m'apprit à conduire ; c'est vous, que sans savoir tailler encore, j'ai fait errer sous ma pensée avec tant d'hésitation et de découragement ; c'est vous, tant de fois échappée à mes doigts ignorants, vous, qui par degrés plus rapide, trouvez parfois, à ma propre surprise, quelques paroles moins indignes des maîtres, qui vous ont d'abord regardée en pitié.

Ainsi, courez, ma plume, courez : vous savez bien qui vous l'ordonne.

Vous ne blesserez pas ; vous ne bégayerez pas un mot de haine, quand ce serait pour repousser l'injure : il vaudrait mieux tomber en poussière, afin que, quand je serai poussière aussi, je ne tressaille encore que d'amour et jamais de honte; afin que si j'attends au fond du purgatoire décrit si triste, mais si doux, par Dante, qui l'a vu, toutes les âmes heureuses, en passant légères et sauvées devant moi, me disent avec un sourire : au revoir !

A ce prix donc, trempée d'encre ou de larmes, courez, ma plume, courez : vous savez bien qui vous l'ordonne.

A CELLES QUI PLEURENT.

Vous surtout que je plains si vous n'êtes chéries ;
Vous surtout qui souffrez, je vous prends pour mes sœurs :
C'est à vous qu'elles vont, mes lentes rêveries,
Et de mes pleurs chantés les amères douceurs.

Prisonnière en ce livre une âme est contenue :
Ouvrez : lisez : comptez les jours que j'ai soufferts :
Pleureuses de ce monde où je passe inconnue,
Rêvez sur cette cendre et trempez-y vos fers.

Chantez : un chant de femme attendrit la souffrance.
Aimez : plus que l'amour la haine fait souffrir.
Donnez : la charité relève l'espérance ;
Tant que l'on peut donner on ne veut pas mourir !

Si vous n'avez le temps d'écrire aussi vos larmes,
Laissez-les de vos yeux descendre sur ces vers ;
Absoudre, c'est prier. Prier, ce sont nos armes :
Absolvez de mon sort les feuillets entr'ouverts.

Pour livrer sa pensée au vent de la parole,
S'il faut avoir perdu quelque peu sa raison,
Qui donne son secret est plus tendre que folle :
Méprise-t-on l'oiseau qui répand sa chanson ?

JOURS D'ÉTÉ.

Ma sœur m'aimait en mère : elle m'apprit à lire.
Ce qu'elle y mit d'ardeur ne saurait se décrire :
Mais l'enfant ne sait pas qu'apprendre, c'est courir,
Et qu'on lui donne, assis, le monde à parcourir.
Voir! voir! l'enfant veut voir. Les doux bruits de la rue.
Albertine charmante à la vitre apparue,
Élevant ses bouquets, ses volans, et là-bas,
Les jeux qui m'attendaient et ne commençaient pas ;

Oh! le livre avait tort! Tous les livres du monde,
Ne valaient pas un chant de la lointaine ronde,
Où mon âme sans moi tournait de main en main,
Quand ma sœur avait dit : — Tu danseras demain.

Demain, c'était jamais! Ma jeune providence,
Nouant d'un fil prudent les ailes de la danse,
Me répétait en vain toute grave et tout bas :
« Vois donc : je suis heureuse, et je ne danse pas. »

    J'aimais tant les anges
    Glissant au soleil!
    Ce flot sans mélanges,
    D'amour sans pareil!
    Étude vivante
    D'avenirs en fleur;
    École savante,
    Savante au bonheur!

Pour regarder de près ces aurores nouvelles,
Mes six ans curieux battaient toutes leurs ailes;

Marchant sur l'alphabet rangé sur mes genoux,
La mouche en bourdonnant me disait : Venez-vous ?...
Et mon nom qui tintait dans l'air ardent de joie,
Les pigeons sans liens sous leur robe de soie,
Mollement envolés de maison en maison,
Dont le fluide essor entraînait ma raison;
Les arbres, hors des murs poussant leurs têtes vertes;
Jusqu'au fond des jardins les demeures ouvertes;
Le rire de l'été sonnant de toutes parts,
Et le congé, sans livre! errant aux vieux remparts :
Tout combattait ma sœur à l'aiguille attachée;
Tout passait en chantant sous ma tête penchée;
Tout m'enlevait, boudeuse et riante à la fois;
Et l'alphabet toujours s'endormait dans ma voix.

Oh! l'enfance est poète. Assise ou turbulente,
Elle reconnaît tout empreint de plus haut lieu :
L'oiseau qui jette au loin sa musique volante,
  Lui chante une lettre de Dieu !

Moi, j'y reviens toujours à l'enfance chérie,
Comme un pâle exilé cherche au loin sa patrie.

Bel âge qui demande : *en quoi sont faits les morts?*
Et dit avec Malcolm : « Qu'est-ce que le Remords ? »
Esprit qui passe, ouvrant son aile souple et forte,
Au souffle impérieux qui l'enivre et l'emporte,
D'où vient qu'à ton beau rêve où se miraient les cieux,
Je sens fondre une larme en un coin de mes yeux ?
C'est qu'aux flots de lait pur que me versait ma mère,
Ne se mêlait alors pas une goutte amère ;
C'est qu'on baisait l'enfant qui criait : Tout pour moi !
C'est qu'on lui répondait encor : « Oui tout pour toi ;
« Veux-tu le monde aussi ? tu l'auras, ma jeune âme. »
Hélas ! qu'avons-nous eu ? belle espérance ! ô femme !
O toi qui m'as trompée avec tes blonds cheveux,
Tes chants de rossignol et tes placides jeux !

Ma sœur : ces jours d'été nous les courions ensemble ;
Je reprends sous leurs flots ta douce main qui tremble ;
Je t'aime du bonheur que tu tenais de moi ;
Et mes soleils d'alors se rallument sur toi !

Mais j'épelais enfin : l'esprit et la lumière,
Éclairaient par degrés la page, la première

D'un beau livre, terni sous mes doigts, sous mes pleurs,
Où la Bible aux enfans ouvre toutes ses fleurs :
Pourtant c'est par le cœur, cette bible vivante,
Que je compris bientôt qu'on me faisait savante :
Dieu ! le jour n'entre-t-il dans notre entendement,
Que trempé pour jamais d'un triste sentiment !

Un frêle enfant manquait aux genoux de ma mère :
Il s'était comme enfui par une bise amère,
Et, disparu du rang de ses petits amis,
Au berceau blanc, le soir, il ne fut pas remis.
Ce vague souvenir, sur ma jeune pensée
Avait pesé deux ans, et puis, m'avait laissée.
Je ne comprenais plus pourquoi, pâle de pleurs,
Ma mère, vers l'église allait avec ses fleurs.
L'église, en ce temps là, des vertes sépultures,
Se composait encor de sévères ceintures ;
Et versant sur les morts ses longs hymnes fervens,
Au rendez-vous de tous appelait les vivans.
C'était beau d'enfermer dans une même enceinte,
La poussière animée et la poussière éteinte ;

C'était doux, dans les fleurs éparses au saint lieu,
De respirer son père en visitant son Dieu !

J'y pense ; un jour de tiède et pâle automne,
Après le mois qui consume et qui tonne,
Près de ma sœur et ma main dans sa main,
De Notre-Dame ayant pris le chemin
Tout sinueux, planté de croix fleuries,
Où se mouraient des couronnes flétries,
Je regardais avec saisissement
Ce que ma sœur saluait tristement.
La lune large avant la nuit levée,
Comme une lampe avant l'heure éprouvée,
D'un reflet rouge enluminait les croix,
L'église blanche et tous ces lits étroits ;
Puis, dans les coins le chardon solitaire,
Éparpillait ses flocons sur la terre.

Sans deviner ce que c'est que mourir,
Devant la mort je n'osai plus courir.

Un ruban gris qui serpentait dans l'herbe,
De résédas nouant l'humide gerbe,
Tira mon âme au tertre le plus vert,
Sous la madone, au flanc sept fois ouvert :
Là, j'épelai notre nom de famille,
Et je pâlis, faible petite fille ;
Puis mot à mot : « Notre dernier venu
Est passé là vers le monde inconnu ! »
Cette leçon, aux pieds de Notre-Dame,
Mouilla mes yeux et dessilla mon âme :
Je savais lire ! et j'appris sous des fleurs,
Ce qu'une mère aime avec tant de pleurs.
Je savais lire... et je pleurai moi-même.
Merci, ma sœur : on pleure dès qu'on aime.
Si jeune donc que soit le souvenir ;
C'est par un deuil qu'il faut y revenir ?

Mais, que j'aime à t'aimer, sœur charmante et sévère,
Qui reçus pour nous deux l'instinct qui persévère ;
Rayon droit du devoir, humble, ardent et caché,
Sur mon aveugle vie à toute heure épanché !

Oh! si Dieu m'aime encore; oh! si Dieu me remporte,
Comme un rêve flottant, sur le seuil de ta porte,
Devant mes traits changés si tu fermes tes bras,
Je saisirai ta main..., tu me reconnaîtras!

AME ET JEUNESSE.

Puisque de l'enfance envolée,
  Le rêve blanc,
Comme l'oiseau dans la vallée,
  Fuit d'un élan ;
Puisque mon Auteur adorable
  Me fait errer
Sur la terre, ou rien n'est durable,
  Que d'espérer;

A moi jeunesse, abeille blonde,
Aux ailes d'or !
Prenez une âme, et par le monde
Prenons l'essor :
Avançons, l'une emportant l'autre,
Lumière et fleur,
Vous sur ma foi, moi sur la vôtre,
Vers le bonheur !

Vous êtes, belle enfant, ma robe,
Perles et fil ;
Le fin voile où je me dérobe
Dans mon exil.
Comme la mésange s'appuie
Au vert roseau,
Vous êtes le soutien qui plie ;
Je suis l'oiseau !

Bouquets défaits, tête penchée,
Du soir au jour,

Jeunesse! on vous dirait fâchée
Contre l'amour :
L'amour luit d'orage en orage ;
Il faut souvent,
Pour l'aborder, bien du courage
Contre le vent!

L'amour c'est Dieu, jeunesse aimée ;
Oh! n'allez pas,
Pour trouver sa trace enflammée,
Chercher en bas :
En bas tout se corrompt, tout tombe,
Roses et miel ;
Les couronnes vont à la tombe,
L'amour au ciel !

Dans peu, bien peu, j'aurai beau faire ;
Chemin courant,
Nous prendrons un chemin contraire,
En nous pleurant.

Vous habillerez une autre âme
Qui descendra,
Et toujours l'éternelle flamme
Vous nourrira !

Vous irez où va chanter l'heure,
Volant toujours ;
Vous irez où va l'eau qui pleure,
Où vont les jours ;
Jeunesse ! vous irez dansante,
A qui rira,
Quand la vieillesse pâlissante
M'enfermera !

Mais, pour que je rentre légère
Au nid divin,
Je ne viens pas chez vous, ma chère,
Loger en vain :
Il faut que j'aime et que je pleure
Avec vos yeux,
Pour racheter, heure par heure,
Quelque âme aux cieux !

MARGUERITE.

Je suis fleur des champs,
Mon parfum m'enivre;
J'ai trois jours à vivre
D'arôme et de chants :
J'ai, comme la reine,
Ma couronne au front;
Si le vent l'entraîne,
Mon deuil en est prompt !

Assise au festin
Où l'été m'invite,
Je vis, je meurs vite;
Merci, mon Destin!
Le chêne superbe
Parle de l'hiver :
L'été seul dans l'herbe,
Baise mon pied vert!

Je nais dans un lieu
Où meurt la tempête;
J'entends sur ma tête
L'oiseau du bon Dieu.
Je vois ma peinture
Dans le ruisseau clair,
Et pour nourriture,
Je moissonne l'air!

J'assiste trois fois
Aux nuits de la terre,
A l'ardent mystère
De ses mille voix;

Qu'apprendrais-je encore?
Trop savoir fait peur :
J'éprouve et j'ignore,
Je sais le bonheur!

MA CHAMBRE.

Ma demeure est haute,
Donnant sur les cieux;
La lune en est l'hôte,
Pâle et sérieux :
En bas que l'on sonne,
Qu'importe aujourd'hui?
Ce n'est plus personne,
Quand ce n'est plus lui!

Aux autres cachée,
Je brode mes fleurs;
Sans être fâchée,
Mon âme est en pleurs :
Le ciel bleu sans voiles,
Je le vois d'ici ;
Je vois les étoiles :
Mais l'orage aussi !

Vis-à-vis la mienne
Une chaise attend :
Elle fut la sienne,
La nôtre un instant :
D'un ruban signée,
Cette chaise est là,
Toute résignée,
Comme me voilà !

DEUX NOMS.

Je t'écrirai toujours, ne fût-ce que des larmes ;
Je t'enverrai mon nom, qui signa tant d'amour !
Dis-le dans ta prière, et jusqu'à ton retour,
Le tien fera du bruit pour gronder mes alarmes ;
    Je le dis tant que tu viendras,
      Et mes pleurs, tu les sècheras.

Ton nom ! partout ton nom console mon oreille ;
Flamme invisible, il vient saluer ma douleur :
Il traverse avec moi le monde et le malheur,
Et la nuit, si mon rêve est triste, il le réveille.
  Il dit : Encor nous souffrirons,
  Mais toujours nous nous aimerons !

Au pied d'une madone un jour j'osai l'écrire ;
Il est là dans les fleurs à lui parler de toi ;
Il tient tant à mon cœur qu'il t'attire vers moi.
Oh ! n'est-il pas le seul qui sonne pour me dire :
  Comme l'eau dans l'eau pour toujours,
  Mes jours couleront dans tes jours !

UNE PLACE POUR DEUX.

Entends-tu l'orage,
Que j'entends toujours,
Lorsqu'un long voyage
Sépare nos jours ?

Des chaînes fidèles
Ont rivé mes pas :
Prends toutes tes ailes ;
Moi je n'en ai pas.

Au seuil arrêtée
Sous le pied du temps,
Fidèle et quittée,
J'espère... j'attends!

Toute âme épuisée,
Pour se soutenir
Sur sa croix brisée,
Vit dans l'avenir :

L'avenir, la vie,
Le monde, le jour,
Le ciel que j'envie,
C'est toi, mon amour.

Va donc! car Dieu même,
Contraire aux méchans,
Pour l'oiseau qu'il aime
Fit la clé des champs.

Des méchans! que dis-je :
Dieu l'a donc prévu ?
Ce triste prodige,
Nous l'avons donc vu?

Leur souffle me glace;
Va vite loin d'eux,
Nous faire une place
Où l'on tienne deux!

LA VIE.

Nuage, nuage,
Beau passant de l'air,
Roulé dans l'orage,
Fendu par l'éclair;
Couves-tu des flammes
Dans ton flanc vermeil?
Portes-tu les âmes
Filles du soleil?

Prends donc sur ton aile
Mon âme avec toi;
Mon âme éternelle
Est lasse de moi.
Mon âme flétrie
Qui vacille en bas,
Sent que sa patrie
Est là-bas! là-bas!

Prends-donc... mais que dis-je!
A peine ma voix
Te parle, ô prodige!
A peine je vois
Rayonner ta robe
En reflets confus,
Le vent te dérobe,
Passant! tu n'es plus!

MERCI, MON DIEU!

J'ai rencontré sur la terre où je passe
Plus d'un abîme, et je tombai, Seigneur!
Lors, d'un long cri j'appelais dans l'espace
Mon Dieu, mon père, ou quelque Ange sauveur.
Doux et penché sur l'abîme funeste,
Un envoyé du tribunal céleste
Venait toujours, fidèle à votre loi :
Qu'il soit béni, mon Dieu! payez pour moi.

J'ai rencontré sur la terre où je pleure,
Des yeux mouillés de prière et d'espoir;
A leurs regards souvent j'oubliai l'heure;
Dans ces yeux-là, mon Dieu, j'ai cru vous voir.
Le ciel s'y meut comme dans vos étoiles;
C'est votre livre entr'ouvert et sans voiles;
Ils m'ont appris la charité, la foi :
Qu'ai-je rendu ! Mon Dieu ! payez pour moi.

J'ai rencontré sur la terre où je chante,
Des cœurs vibrans, juges harmonieux,
Muse cachée et qui de peu s'enchante,
Écoutant bien pour faire chanter mieux :
Divine aumône, adorable indulgence !
Trésor tombé dans ma fière indigence !
Suffrage libre, ambition de roi :
Vous êtes Dieu, mon Dieu ! payez pour moi !

J'ai rencontré jour par jour sur la terre,
Des malheureux le troupeau grossissant;
J'ai vu languir, dans son coin solitaire
Comme un ramier, l'orphelin pâlissant;

J'ai regardé ces frères de mon âme.

Puis, j'ai caché mes yeux avec effroi ;

Mon cœur nageait dans les pleurs et la flamme :

Regardez-les, mon Dieu ! donnez pour moi !

ENVOI DU LIVRE DES PLEURS

(au Bazar Polonais,)

A Celui qui peut donner pour la Pologne.

Achète-moi, si l'or est ton partage ;
Donne une fois un doux prix à mes vers !
Dieu bénit l'or qui fait tomber des fers ;
J'offre mes pleurs : je n'ai pas davantage.
— Achète-les ; je les dédie à toi
Dont la pitié fait palpiter les veines ;
Je veux aussi, je veux briser des chaînes :
Mais je suis pauvre ; ô riche ! achète-moi.

LE GRILLON.

Triste à ma cellule,
Quand la nuit s'abat,
Je n'ai de pendule
Que mon cœur qui bat :
Si l'ombre changeante
Noircit mon séjour,
Quelque atôme chante,
Qui m'apprend le jour.

Dans ma cheminée,
Un grillon fervent,
Faisant sa tournée,
Jette un cri vivant :
C'est à moi qu'il livre
Son fin carillon,
Tout charmé de vivre
Et d'être grillon !

La bonté du Maître
Se glisse en tout lieu ;
Son plus petit être
Fait songer à Dieu.
Sait-il qu'on l'envie,
Seul et ténébreux :
Il aime la vie ;
Il est bien heureux !

La guerre enfiévrée
Passait l'autrefois,
Lionne effarée,
Broyant corps et voix :

Mon voisin l'atôme
Fut mon seul gardien,
Joyeux comme un gnôme
A qui tout n'est rien.

Dieu nous fit, me semble,
Quelque parité :
Au même âtre ensemble
Nous avons chanté ;
Il me frappe l'heure,
Je chauffe ses jours ;
Mais, femme, je pleure :
Lui, chante toujours.

Si jamais la fée
Au soulier d'azur,
D'orage étouffée
Entre dans mon mur ;
Plus humble et moins grande
Que sa Cendrillon,
Oh ! qu'elle me rende
Heureuse, ou grillon !

A Madame Li...

Vous que j'ai connue
Comme moi chantant,
Poète ingénue,
Lyre au cœur battant,
Quand la nuit vous lasse
Par trop de lenteur,
Appelez la grâce
D'un grillon chanteur.

PRIÈRE DE FEMME.

Mon saint amour! mon cher devoir!
Si Dieu m'accordait de te voir,
Ton logis fut-il pauvre et noir,
Trop tendre pour être peureuse,
Emportant ma chaîne amoureuse,
Sais-tu bien qui serait heureuse :
C'est moi. Pardonnant aux méchans,
Vois-tu, les mille oiseaux des champs,
N'auraient mes ailes ni mes chants!

Pour te rapprendre le bonheur,
Sans guide, sans haine, sans peur,
J'irais m'abattre sur ton cœur,
Ou mourir de joie à ta porte :
Ah! si vers toi Dieu me remporte,
Vivre ou mourir pour toi, qu'importe!
Mais non; rendue à ton amour,
Vois-tu, je ne perdrais le jour
Qu'après l'étreinte du retour.

C'est un rêve : il en faut ainsi
Pour traverser un long souci;
C'est mon cœur qui bat : le voici!
Il monte à toi comme une flamme.
Partage ce rêve, ô mon âme;
C'est une prière de femme;
C'est mon souffle en ce triste lieu;
C'est le ciel depuis notre adieu,
Prends; car c'est ma croyance en Dieu!

AU LIVRE DES CONSOLATIONS

PAR M. SAINTE-BEUVE.

Quand je touche rêveuse à ces feuilles sonores
D'où montent les parfums des divines amphores,
Prise par tout mon corps d'un long tressaillement,
Je m'incline, et j'écoute avec saisissement.

O fièvre poétique! ô sainte maladie!
O jeunesse éternelle! ô vaste mélodie!

Voix limpide et profonde ! invisible instrument !
Nid d'abeille enfermé dans un livre charmant !

Trésor tombé des mains du meilleur de mes frères !
Doux Memnon ! chaste ami de mes tendres misères,
Chantez ! nourrissez-moi d'impérissable miel :

Car, je suis indigente à me nourrir moi-même ;
Source fraîche, ouvrez-vous à ma douleur suprême,
Et m'aidez, par ce monde, à retrouver mon ciel !

L'HORLOGE ARRÊTÉE.

Horloge d'où s'élançait l'heure
Vibrante en passant dans l'or pur,
Comme l'oiseau qui chante, ou pleure
Dans un arbre où son nid est sûr :

Ton haleine égale et sonore,
Dans le froid cadran ne bat plus;
Tout s'éteint-il comme l'aurore
Des beaux jours qu'à ton front j'ai lus!

SOLITUDE.

O mes rêves! mes prières!
O mes ailes pour les cieux!
Quand les deux mains sur les yeux,
J'allumais sous mes paupières
Mille tableaux enflammés,
Tissus de rouges étoiles,
Comme elles courent aux voiles,
Par l'incendie allumés!

Où sont, où sont tous les anges
Qui descendaient dans nos fleurs,
Pour les teindre des couleurs
De leurs fluides phalanges :
Qui légers et triomphans,
Riaient au-dessus de terre,
Et de chants pleins de mystère,
Berçaient les petits enfans ?

Timbre du temps, voix touchante !
A l'heure où le riche dort,
Laissez-lui les rêves d'or,
A moi le travail qui chante :
Sonnez, voix du temps, sonnez,
Puisque dans ma solitude,
Pour m'éveiller à l'étude,
C'est vous seule qui venez !

A MADAME HENRIETTE FAVIER.

Si je brisais de la terre,
    Le mystère,
Si je sentais de mon cœur,
Se réaliser les ailes,
    Prompt comme elles,
Je l'enverrais au bonheur.

Je monterais où votre âme,
Pleurs et flamme,
Se prépare un nid plus doux;
J'en chercherais un moi-même,
Où l'on aime,
Comme on l'apprend avec vous.

Mais je marche consternée,
Enchaînée
Sous des fers plus lourds que moi;
Et j'abreuve ma souffrance,
D'espérance,
Comme on l'apprend avec toi !

CROYANCE POPULAIRE.

Prière aux Innocens.

Beaux innocens, morts à minuit,
Réveillés quand la lune luit :

Descendez sur mon front qui pleure
Et sauvez-moi d'entendre l'heure.
L'heure qui sonne fait souffrir
Quand la vie est triste à mourir ;
C'est l'espérance qui nous quitte ;
C'est le pouls du temps qui bat vite !

PRIÈRES.

Petits trépassés de minuit,
Endormez mon cœur qui me nuit.

Pudiques sanglots de vos mères,
Doux fruits des voluptés amères,
Soufflez dans mon sort pâlissant,
De la foi le feu tout-puissant :
La foi ! c'est l'haleine des anges ;
C'est l'amour, sans flammes étranges !

Beaux petits anges de minuit,
Épurez mon cœur qui me nuit.

Fleurs entre le ciel et la tombe!
Portez à Dieu l'âme qui tombe.
Parlez à la Reine des cieux,
Des pleurs qui rougissent mes yeux;
Ramassez la fleur de la terre,
Qui meurt foulée et solitaire.

PRIÈRES.

Beaux petits enfans de minuit,
Relevez mon cœur qui me nuit.

La terre a sèché mon haleine ;
Je parle et je m'entends à peine.
Écoutez : j'ai perdu l'accent
Du ciel, d'où votre vol descend.
Chantez mon nom seul à ma mère,
Pour qu'il rentre dans sa prière !

Beaux innocens, morts à minuit,
Desserrez mon cœur qui me nuit.

Avant d'être ainsi consternée,
Pâle devant ma destinée,
Je fus un enfant comme vous ;
J'avais le ciel sous mon front doux.
Oh ! changez ma robe flétrie,
Et menez-moi dans ma patrie !

Enfans! réveillés à minuit,
Déliez mon cœur qui me nuit.

Sur votre jeune aile qui vole,
Élevez ma faible parole :
Il faut que je pleure trop bas,
Puisque le ciel ne m'entend pas.
Mais quoi? n'entend-il pas la feuille
Gémir, quand l'ouragan la cueille!

Enfans réveillés à minuit,
Apaisez mon cœur qui me nuit.

Dites-moi si dans votre monde,
La mémoire est calme et profonde?
Déchirez mon obscurité,
Rayons blancs de l'éternité :
Vous tous qui m'avez entendue,
Répondez-moi ; suis-je perdue!...

Beaux petits enfans de minuit ;
Éclairez mon cœur qui me nuit.

Planez sur les maisons fermées
De nos jeunes sœurs bien-aimées ;
Que les vierges n'entendent pas
Le démon soupirer tout bas :
A minuit, les maisons ouvertes,
Présagent tant de tombes vertes !

Heureux enfans morts à minuit
Éteignez mon cœur qui me nuit !

AMOUR.

Que sais-tu, cher ingrat, quand tu ris de mes larmes,
Quand tu les fais couler sous tes mordantes armes,
Que sais-tu qui des deux joue au fort entre nous,
Toi superbe et railleur, moi pliée à genoux?
Que sais-tu, pauvre enfant, lorsque tu me méprises,
Si ce n'est pas un peu de ton cœur que tu brises,
Et, si tu n'iras pas quelque jour réclamer
Cette part à ma cendre, étonné de m'aimer?

Car, tu ne t'en vas pas enfin quand je t'en prie :
Que veux-tu ? Que sais-tu, fier de ta moquerie,
Si tu n'outrages pas ton Dieu pleurant en moi,
Triste dans sa grandeur d'être raillé par toi ?

Oh ! n'as-tu donc jamais sur ma frêle figure,
Vu passer entre nous un lumineux augure,
Quand je creuse mon âme à chercher, inhumain,
Le fil mystérieux qui suspend dans ta main
Cette âme, pauvre oiseau dont tu serres les ailes,
Et qui les voit tomber sans descendre après elles,
Comme heureuse, après tout, de perdre le pouvoir
D'échapper à son sort : Aimer, pleurer ; te voir !

Dis toi-même : où va-t-on, devancée et suivie
D'une image, une seule attachée à sa vie ?
Où fuir, alors que, cher et fatal à la fois,
Un seul mot d'une voix couvre toutes les voix !

On s'est connu si jeune ! on s'est dit tant de choses !
On a vu se lever tant de jours, tant de roses,

Tant de soleils sereins se promener aux cieux,
Vous regardant ensemble et les yeux sur les yeux !
Tu n'y songes donc pas : ces tendres habitudes,
Ces soucis partagés, ces rêveuses études,
Ces printemps, tout chargés d'éclairs, de fleurs, de miel,
A toi, c'était la vie, à moi, c'était le ciel !

Hélas, avant la mort d'où vient que je te pleure ?
De nos doux rendez-vous qui donc a manqué l'heure ?
Le temps va comme il veut ; l'amour s'est arrêté ;
Ne me reviendras-tu que dans l'éternité !

Je pleure... allons, va-t-en. Du haut de ma fenêtre,
Je vais te voir passer : je vais te reconnaître
De ce beau temps d'alors ; et puis, comme autrefois,
Crier à Dieu : Mon Dieu ! vivre est beau : je le vois !

Ne ris pas. Va courir à ton ombre, la gloire ;
Va repeupler ton cœur qui n'a pas de mémoire ;
Va, mais pour t'excuser ne jette rien sur moi :
Je suis à ce détour plus savante que toi.

Avant de te blesser je me tuerais moi-même ;
Je trouve des raisons ; j'en invente : je t'aime !
« C'est le sort et le cœur qui t'a m'al arrêté, »
S'immole pour t'absoudre et saigne à ton côté.

L'amour vrai, tiens, c'est Dieu remontant au calvaire.
J'ai lu dans un beau livre, humble, grand et sévère,
Dont l'esprit devant toi me relève aujourd'hui :
« L'Éternel mit la femme entre le monde et lui. »

Moi, je suis une femme aussi comme ta mère !
Elle me défendrait de ton insulte amère :
Plus grand que son amour, mon amour se donna !
Une femme aima trop, et Dieu lui pardonna.

Crois donc que pour aimer il faut un grand courage ;
Que rester immobile au pied d'un tel orage,
Ce n'est point lâcheté, comme tu dis toujours :
C'est attendre la mort sans disputer ses jours ;
C'est accomplir un vœu, fait au bord de l'enfance,
De ne rendre jamais l'offense pour l'offense ;

C'est acheter longtemps ; par pleurs et par pitié,
Une âme, qu'on voulut pour sœur et pour moitié,
Une chère âme, au monde et donnée et perdue,
Et qui par une autre âme, au ciel sera rendue !

Ainsi, crois à l'amour. Il est plus fort que toi :
S'il vit seul, s'il attend, s'il pardonne, c'est moi.

Alors comme toujours, elle parlait en rêve ;
Toujours le rêve étrange et pur et triste : un jour,
On l'entendit trembler comme un chant qui s'achève ;
Puis il ne chanta plus. Moi je l'écris : Amour !

DIEU PLEURE AVEC LES INNOCENS.

Il fallait la laisser, solitaire et pieuse,
S'abreuver de prières et d'indigentes fleurs :
Si peu lui semblait tout ; misère harmonieuse,
Sédentaire à l'église et bornée à ses pleurs.

Il fallait la laisser au long travail penchée,
Du rideau d'un vieux mur bornant son horizon :
Le ciel la regardait sous ses cheveux penchée ;
Et quelque doux cantique apaisait sa raison.

Ce qu'elle avait perdu, qui pouvait le lui rendre?
Aux enfans orphelins on ne rend pas les morts :
Mais seule, jour par jour, elle venait d'apprendre
Qu'un goût divin se mêle aux douleurs sans remords.

Il fallait lui laisser Dieu pleurant avec elle;
N'en doutez pas, « *Dieu pleure avec les innocens.* »
Et vous l'avez volée à cet ami fidèle;
Et vous avez versé la terre sur ses sens.

Vous avez dévasté la belle âme ingénue;
Elle sait aujourd'hui la chute de l'orgueil.
Dieu vous demandera ce qu'elle est devenue :
Pour nn ange tombé tout le ciel est en deuil.

Ah ! pour l'avoir tuée en mourrez-vous moins vite?
Le tombeau, qui prend tout, vous fait-il moins d'effroi:
Il prend tout. Comme une ombre affligée ou maudite,
Vous quitterez la terre, en fussiez-vous le roi !

Cherchez : elle est peut-être un peu vivante encore ;
Épousez dans la mort son amer abandon ;
Sanctifiez à deux votre nom qu'elle adore,
Et montez l'un par l'autre au céleste pardon !

LES ENFANS A LA COMMUNION.

UNE VOIX.

Laissez venir à Dieu la grâce et l'innocence :
Laissez remonter l'âme à sa divine essence !

LES ENFANS.

Nous venons ! nous venons, Maître doux et divin,
Comme l'agneau sans fiel et le pain sans levain,

Nous venons, l'âme en fleur, vous chercher à l'église :
Sous votre long manteau sauvez-nous de la bise.
On nous a dit, Seigneur, que vous étiez ici,
Et que vous demandez les enfans : nous voici.

UNE VOIX.

Laissez, laissez passer la grâce et l'innocence,
Laissez remonter l'âme à sa divine essence.

UNE FEMME.

Oh! que ces voix d'enfans font de mal et de bien!
De leur Dieu sans colère ils ne redoutent rien.
Le chemin est ouvert aux ailes de leurs âmes ;
Rien de ces purs flambeaux ne fait trembler les flammes.
Hélas! en les voyant rayonner au saint lieu,
Quelle femme oserait se confesser à Dieu?

UNE VOIX.

Laissez, laissez passer la grâce et l'innocence :
Laissez remonter l'âme à sa divine essence!

LES ENFANS.

Doux Maître ! nous venons, sans passé, sans remords,
Vous prier tendrement pour nos frères, les morts.
Qu'ils sortent du tombeau comme nous de nos langes;
Doux Père ! accordez-leur encor des ailes d'anges.
Si pour les racheter nous n'avons pas de pleurs,
Dieu des petits enfans, prenez toutes nos fleurs !

UNE VOIX.

Laissez venir à Dieu la grâce et l'innocence :
Laissez remonter l'âme à sa divine essence !

UNE FEMME.

Béni soit le coin sombre où s'isole mon cœur !
Je ne rentrerai plus vivante dans le chœur.
Dieu remet les pardons aux enfans qui l'enchantent;
Mais ce n'est pas pour moi, c'est pour les morts qu'ils chantent.
Quand nous avons choisi notre amer abandon,
Nul ange pour nos pleurs ne demande pardon.

UNE VOIX.

Laissez, laissez passer la grâce et l'innocence :
Laissez remonter l'âme à sa divine essence !

LES ENFANS.

Nos mères ont appris qu'en ce jour solennel,
Tout vœu d'enfant s'élève aux pieds de l'Éternel.
Jésus ! prenez ce vœu sur nos bouches sans feinte ;
Du coupable qui pleure encouragez la plainte ;
Tendez vos bras ouverts au pécheur prosterné,
Et qu'il soit, comme nous, votre enfant pardonné !

UNE VOIX.

Laissez, laissez passer le vœu de l'innocence :
Laissez remonter l'âme à sa divine essence !

UNE FEMME.

Je me confesse à Dieu qui descend dans mes pleurs !
Dieu, qui peut d'un regard changer la ronce en fleurs !

Voix du monde, cessez : je rapprends qu'on espère !
Voix des anges, chantez : je retourne à mon Père !
Je me relève à Dieu dans l'élan de ma foi ;
L'enfance a pardonné : mon Dieu, pardonnez-moi !

UNE VOIX.

Laissez passer la foi, la grâce et l'innocence :
Laissez remonter l'âme à sa divine essence !

DÉPART DE LYON.

A Madame A. Dupin.

Dieu vous garde, humbles fleurs sous la tuile venues ;
Ouvrez un frais sourire à ce vieux bâtiment.
Comme on voudrait mourir, vous mourez inconnues,
Et votre vie à l'ombre est un divin moment !

Dieu vous garde à qui pleure, à qui va de vos charmes
Humecter sa prière, attendrir ses regrets.
Inclinez-vous ce soir sous les dernières larmes
Qui s'épanchent sur vous du fond de mes secrets.

J'ai compté sur mes doigts : voici que trois années
Ont balancé sur vous leurs éternels instans ;
Dans ce bruyant désert, nos frêles destinées
Se sont prises d'amour. Vous vivez ; moi, j'attends.

Par les beaux clairs de lune, aux lambris de ma chambre
Que de bouquets mouvans avez-vous fait pleuvoir !
Que de fois vos parfums, faute de myrrhe et d'ambre,
Moururent, aux saints jours, sous mon Christ en bois noir !

A tout exil sa fleur ! Lorsqu'entre ciel et terre
Je semai devant Dieu votre subtil encens,
J'ai souhaité qu'une âme ardente et solitaire
Rafraîchit sur vos fronts son aile et ses accens.

Vouant à l'eau du ciel votre parfum sauvage,
Sur ce mur étonné de produire des fleurs,
J'ai dit au passereau qui descend de l'orage :
« Viens, j'ai semé pour toi ces humides couleurs. »

Et Dieu voulut qu'un jour, se frayant une voie,
A ma vitre plombée où pendent vos rameaux,
Sous un volet brisé l'oiseau trouvât la joie,
Et s'abritât sans peur comme au toit des hameaux.

Sortis de vos plis verts où les jasmins respirent,
Que de songes sur moi vinrent causer le soir!
Ces papillons du ciel qui chantent et soupirent,
Sur le sommeil du pauvre aiment tant à s'asseoir!

D'autres pauvres viendront : c'est en haut qu'ils habitent.
Les indigens bénis ont du moins le grand jour ;
Les scintillantes nuits, les mondes qui gravitent,
Et le soleil entier traversant leur séjour,

Dieu vous garde pour eux! Moi je pars, moi je passe,
Comme à travers les champs un filet d'eau s'en va ;
Comme un oiseau s'enfuit, je m'en vais dans l'espace
Chercher l'immense amour où mon cœur s'abreuva.

Charme des blés mouvans! fleurs des grandes prairies!
Tumulte harmonieux élevé des champs verts!
Bruits des nids! flots courans! chantantes rêveries!
N'êtes-vous qu'une voix parcourant l'univers?

Oui, partout où je marche une voix me rappelle;
Voix du berceau lointain qui ressaisit le cœur,
Voix qui trouble et se plaint de l'enfant infidèle
Dont le sort se fit triste en cherchant le bonheur;

Étreinte dans l'absence, accolade éternelle,
Mystérieux sanglot dont les pleurs sont en nous,
Que de fois, comme un cri de frayeur maternelle,
M'avez-vous fait bondir et tomber à genoux!

Mais quoi! mon esprit seul, ardent missionnaire,
A revu le vieux chaume ébranlé par les vents,
Et le grillon chanteur qu'on disait centenaire,
Au creux de l'âtre éteint que peupláient huit enfans.

Huit esprits curieux du passé doux à croire,
Dont le docte grillon savait la longue histoire,
Alors que frère et sœurs, me prêtant leurs genoux,
Disaient : « Viens, Marceline, écouter avec nous. »

Tandis que, poursuivant la tâche commencée,
L'aiguille s'envolait régulière et pressée,
Soumise au raconteur, j'écoutais tout le soir
Ce qu'à travers son siècle un grillon a pu voir.

J'écoutais, moi, plus frêle et partant plus aimée ;
Toute prise aux rayons de la lampe allumée,
Je veillais tard, ô joie ! et le crieur de nuit
Sonnait, sans m'effrayer, pour les morts, à minuit.

J'irai, si Dieu le veut, si mon étoile brille
Et trace encor mon nom dans la Scarpe d'argent,
Enfant déshérité d'une sainte famille,
J'irai suspendre au seuil mon voyage indigent.

Ma force, c'est l'amour ; mes enfans sont mes ailes ;
Ils me remporteront à mes premières fleurs ;
Les fleurs ne vivent plus, mais je vis après elles,
Et mon cœur sait la place où je leur dois des pleurs.

Peuple encor selon Dieu ! Si ta chanteuse errante,
S'éteint loin des sentiers qui ramènent vers toi,
Que ton nom parle au moins sur ma cendre vibrante,
Afin que l'étranger s'incline devant moi.

ENVOI.

Distraite de souffrir pour saluer votre âme,
Voilà mon âme : elle est où vous souffrez, Madame !

DORS !

Dieu donne l'intelligence aux petits.

L'orage de tes jours a passé sur ma vie;
J'ai plié sous ton sort; j'ai pleuré de tes pleurs;
Où ton âme a monté, mon âme l'a suivie;
Pour aider tes chagrins, j'en ai fait mes douleurs.

Mais, que peut l'amitié ? l'amour prend tout une âme !
Je n'ai rien obtenu; rien changé; rien guéri :
L'onde ne verdit plus ce qu'a séché la flamme,
Et le cœur poignardé reste froid et meurtri.

Moi, je ne suis pas morte : allons! moi, j'aime encore;
J'écarte devant toi les ombres du chemin :
Comme un pâle reflet descendu de l'aurore,
Moi, j'éclaire tes yeux ; moi, j'échauffe ta main.

Le malade assoupi ne sent pas de la brise
L'haleine ravivante étancher ses sueurs :
Mais, un songe a fléchi la fièvre qui le brise ;
Dors ! ma vie est le songe où Dieu met ses lueurs.

Comme un ange accablé qui n'étend plus ses ailes,
Enferme ses rayons dans sa blanche beauté,
Cache ton auréole aux vives étincelles :
Moi je suis l'humble lampe émue à ton côté.

LE MAUVAIS JOUR.

N'entend-elle jamais une voix me défendre;
Un conseil attendri rappeler son devoir;
Une larme furtive; un feu sous cette cendre ;
Un reproche d'en haut lui crier : va la voir!

Moi, je n'y peux courir : Sa clameur m'a noircie;
Mon nom percé d'outrage a rempli sa maison.
Contre elle-même, hélas! qui l'a donc endurcie ?
Injuste, à qui m'accuse elle n'a pas dit non!

Que s'est-il donc passé? quelle bise inconnue,
A glacé cette fleur attachée à mes jours?
Elle était la moins pauvre et n'est pes revenue :
Qui dit aimer le plus n'aime donc pas toujours !

Elle a mis bien des pleurs dans ma reconnaissance !
Ne lui direz-vous pas la vérité, Seigneur?
N'entendra-t-elle plus mon passé d'innocence,
Comme un oiseau sans fiel plaider avec son cœur?

Seigneur ! j'ai des enfans ; Seigneur, j'ose être mère;
Seigneur ! qui n'a cherché votre amour dans l'amour?
Sauvez à mes enfans cette blessure amère,
Ce long étonnement, ce poids d'un mauvais jour !

MOI JE LE SAIS.

A mademoiselle Louise Crombach.

Vous le saurez, la vie a des abîmes
Cachés au loin sous d'innombrables fleurs :
Les rossignols qui chantent à leurs cîmes,
Où chantent-ils dans la saison des pleurs?
Vous le saurez, la vie a des abîmes
Cachés au loin sous d'innombrables fleurs.

Oui, la jeunesse est le pays des larmes ;
Moi je le sais : j'en viens. Je pleure encor,
Le front vibrant de ses feux, de ses charmes ;
Le cœur brisé de son dernier accord !
Oui, la jeunesse est le pays des larmes.
Moi je le sais : j'en viens. Je pleure encor !

Lorsqu'on finit d'être jeune, on s'arrête ;
A tant de jours on veut reprendre un jour :
Ils sont partis et l'on penche sa tête.
D'un tel voyage à quand donc le retour ?
Lorsqu'on finit d'être jeune, on s'arrête ;
A tant de jours on veut reprendre un jour !

Souffrant tout bas de ses mille blessures,
On croit mourir : voyez, on ne meurt pas.
De tous serpens Dieu guérit les morsures,
Et le dictame est semé sous nos pas.
Souffrant tout bas de ses mille blessures,
On croit mourir : on plie, on ne meurt pas !

Rappelez-vous ce chant d'une glaneuse,
Qui s'arrêta pour serrer votre main;
Et si du sort l'étoile lumineuse,
Vous mûrit mieux les épis du chemin,
Rappelez-vous ce chant d'une glaneuse,
Qui s'arrêta pour serrer votre main!

ROUEN.

À mes Sœurs.

Dans la ville tout églises,
Où je descends quelquefois,
Où devant le seuil assises,
Les femmes lèvent leurs voix ;
Dans cette ville où bourdonne,
Toute idée allant aux cieux,
Où les yeux d'une madone,
A tous coins cherchent vos yeux :

Il est une étroite porte,
Palais de mes ans psssés,
Où le même amour emporte,
Mon âme et mes pieds lassés,
Chez mes sœurs! séjour crédule,
Où l'air est encor si pur;
Où Dieu gardait la cellule,
Quand j'écoutais la pendule,
Qui vit et bat sur le mur.

Là, comme la sainte femme
Ouvre au pauvre son verger,
Mes sœurs ont toujours dans l'âme
Un doux coin pour me loger;
Pour rappeler de l'enfance
Les nuits qui chantaient tout bas;
Pour me rendre après l'absence,
Le miroir de l'innocence
Que mes sœurs ne brisent pas.

Le long de l'étroite rue

Où tout est calme et pensant,
Faible étoile reparue,
Je regarde le passant;
Puis, tout distrait, tout frivole,
Tout léger de souvenir,
L'enfant qui monte à l'école,
Chercher la douce parole,
Doux pain de son avenir!

A Rouen, ville encensée
Par la prière et les flots,
S'ouvrirent de ma pensée
Les hymnes et les sanglots;
Comme la brise inconnue
Chante à quelque vieux créneau,
Sur la grande église nue,
Qui met son front dans la nue,
Et lave ses pieds dans l'eau.

Mais, l'église de mon âme *,
Où pleure un humble métal,

* Saint Maclou.

Reflète sa pure flamme,
Dans un long flot de cristal :
Cette sainte au flanc percée,
Lavant ses humbles pavés,
Semble une mère empressée,
Sur ses enfans abaissée,
Qui dit : Puisez et buvez !

C'est là que la cathédrale
Abreuve ses bénitiers ;
C'est l'éternelle lustrale
Sauvant les siècles entiers.
Tout meurt : la source est la même,
Dieu nourrit sa fraîche voix :
Aussi tout le peuple l'aime
Plus que le dôme suprême
Où se font sacrer les rois.

Par un hiver dur et sombre,
J'ai cherché ses vieux autels,
Qui dans l'été font tant d'ombre
Aux fronts des pauvres mortels :

Là, pour mon âme exilée,
Couvait un nouvel affront;
L'eau bénite était gelée,
Et je me suis en allée,
Sans désaltérer mon front.

A travers les brumes grises
Qui resserrent l'horizon,
Dans la ville tout églises
Où Corneille eut sa maison;
Parmi les fleurs, les fontaines,
Les clochers vibrans, les tours,
Les voilures toutes pleines
Des vents aux moites haleines,
Qui frôlent ses verts entours :

Dans ce pays aimé qui me fut trop barbare,
Donnez à mon image un coin rêveur et doux;
J'ai bien assez pleuré l'arrêt qui nous sépare,
Pour que mon ombre au moins soit heureuse avec vous!

UN PRÉSAGE.

J'ai vu dans l'air passer deux ailes blanches.
Est-ce pour moi que ce présage a lui?
J'entends chanter tout un nid dans les branches :
Trop de bonheur me menace aujourd'hui !
Pour le braver je suis trop faible encore ;
Arrêtez-vous, ambassadeurs des cieux !
L'épi fléchit que trop de soleil dore :
Bonheur, bonheur, ne venez pas encore ;
Éclairez-moi, ne brûlez pas mes yeux !

Tournée au Nord une cage est si sombre!
Dieu l'ouvre-t-il aux plaintes de l'oiseau,
L'aile incertaine, avant de quitter l'ombre,
Hésite et plane au-dessus du réseau.
La liberté cause un brillant vertige;
L'anneau tombé gêne encor pour courir.
Survivra-t-on si ce n'est qu'un prestige?
L'âme recule à l'aspect du prodige;
Fût-ce de joie, on a peur de mourir!

Mais ce bouquet apparu sur ma porte,
Dit-il assez ce que j'entends tout bas?
Dernier rayon d'une âme presque morte,
Premier amour, vous ne mourez donc pas!
Ces fleurs toujours m'annonçaient sa présence,
C'était son nom quand il allait venir :
Comme on s'aimait dans ce temps d'innocence!
Comme un rameau rouvre toute l'absence!
Que de parfums sortent du souvenir!

Je ne sais pas d'où souffle l'espérance,

Mais je l'entends rire au fond de mes pleurs.
Dieu! qu'elle est fraîche où brûlait la souffrance!
Que son haleine étanche de douleurs!
Passante ailée, au coin du toit blottie,
 Y rattachant ses fils longs et dorés,
Grâce à son vol, ma force est avertie :
Bonheur! bonheur! je ne suis pas sortie;
J'attends le ciel; c'est vous, bonheur : Entrez!

PRIÈRE POUR MON AMIE

A Notre-Dame-des-Champs.

Reine du pauvre, ouvrez ! Il est à votre porte
Une âme qui descend de quelque nid d'oiseau ;
Son corps a la faiblesse et le poids d'un roseau,
Son haleine est un chant que la brise vous porte
Le soir, quand pour bénir votre peuple adorant,
L'*Angelus,* tout ailé, sort de l'orgue pleurant.

L'orgue a semé partout quelque fragment sonore
De ce génie à part qui s'exhale et s'ignore ;

Vos poètes ont mis leurs vers les plus touchans
Sur ce clavier qui pleure et prie avec des chants ;
Et s'il était... pardon ! permis de croire aux fées,
A ces reines de l'air dans l'Orient rêvées,
On se prendrait, près d'elle, à croire parmi nous
Une fée en exil et souvent à genoux.

O reine ! relevez cette gloire timide
Qui traversa des cours l'atmosphère splendide,
Quand la belle fortune avait de son chemin
Fait le pavé facile, et lui tenait la main.
La fortune a tourné ; le temps vole ; son aile,
Qui poursuit tout bonheur de rancune éternelle,
De cette harmonieuse a fait pencher le front
Tout pâle, et l'a couvert d'un indigent affront.
Celle qu'on appelait la charmante, l'heureuse,
Monte à pieds déchirés sa cime rigoureuse.
Dans le travail obscur où s'éteignent ses yeux,
Qu'elle obtient chèrement ses ailes pour les cieux !
Que d'hymnes elle jette aux échos de la vie,
Pour un rayon du feu que sa tristesse envie !

Que d'accords écoulés de ses doigts vigilans,
Pour les rares deniers à la payer si lents !

Je sais, oh ! je sais bien qu'elle fut imprudente ;
Sa mère à la pitié la créa trop ardente ;
Le pauvre à sa richesse a beaucoup demandé,
Et tant qu'elle fut riche elle a tout accordé.
Voilà ce que je sais contre elle, ô Notre-Dame !
Alors qu'elle n'eut plus rien à donner, belle âme,
En voyant tout s'enfuir, sa candeur soupira,
Et pour toute réponse au blâme, elle pleura !

Je le confesse à vous, qui jugez sans colère ;
A qui l'oubli de soi n'a jamais su déplaire ;
Vous, pour qui les fronts nus sont les fronts les plus beaux,
Qui préférez la lampe à l'éclat des flambeaux,
Si la lampe qui s'use en un coin solitaire
Encourage au travail un pauvre de la terre :
Vous qui jugez surtout le pauvre avec amour,
Tournez-vous à sa lampe éteinte au point du jour.

Hélas ! elle n'a plus que ce rayon qui brille,
Pas de fils protecteur, pas de pieuse fille,
Qui, la venant étreindre et soutenant ses pas,
Lui dise : « Allons, ma mère ! allons, ne tombez pas.
Prenez mes mains, prenez tout l'enfant qui vous aime;
Sous de plus jeunes traits, voyez, je suis vous-même.
Avancez comme à Dieu réchauffée à mes jours,
Je suis la lampe neuve où vous brûlez toujours ! »

Un enfant ! un enfant ! ô seule âme de l'âme !
Palme pure attachée au malheur d'être femme !
Éloquent défenseur de notre humilité !
Fruit chaste et glorieux de la maternité,
Qui d'une langue impie assainit la morsure,
Et de l'amour trahi ferme enfin la blessure !
Image de Jésus qui se penche vers nous,
Pour relever sa mère humble et née à genoux;
Dont la débile main, par la grâce étendue,
Rouvre parfois le ciel à la vierge perdue;
Un enfant ! souffle d'ange épurant le remord !
Refuge dans la vie, asile dans la mort !

De la foi des époux sentinelle sans armes !
Rayonnement divin qui passe entre leurs larmes !
Fleur du toit, qui ravive et retient le bonheur !
Visible battement de deux cœurs dans un cœur !

Elle n'a plus d'enfant. Sa tendresse est déserte ;
Plus un rameau qui rit, plus une plante verte,
Plus rien. Les seules fleurs qui s'ouvrent sous ses pas
Croissent où les vivans ne les dérobent pas,
Au grand jardin sans fruits jonché de nos couronnes,
Des débris de charrue et des débris de trônes ;
Où l'on entend dormir les peuples et les rois,
Tous rangés au pouvoir d'un seul sceptre : la croix !

C'est là que sa langueur s'abrite agenouillée,
Cherchant son beau passé sous la terre mouillée ;
Là, qu'en un flux étrange et de peur et d'espoir,
Chaque marbre, en passant, lui murmure : Au revoir !
Oui, c'est là qu'on entend, et que du sein des mousses,
Sous nos pieds frissonnans montent des plaintes douces.
C'est là que va l'oiseau, de l'aile et de la voix,
Frapper à cette porte où tout passe une fois.

Fidèle avec la mort et douce avec la vie,
L'infortuné la cherche et le méchant l'envie :
Vierge toute lumière et toute charité,
Quel cœur plus selon Dieu s'ouvre à votre clarté?

On a fait ce récit aux reines de la terre...
Mais leur oreille est prise à tant d'autres malheurs;
Mais le trône est souvent chargé de tant de pleurs ;
Mais la pudeur se plaint avec tant de mystère !
Plus large est le chemin qui monte à vos genoux,
Où votre charité vient au-devant de nous ;
Où de vos yeux ardens les rayons et les charmes,
Comme l'onde au soleil font remonter nos larmes;
Où le faible et l'enfant arrivent les premiers,
Tant vous aplanissez pour eux les hauts sentiers !

Vierge des pleurs, sauvez, quand je prie avec elle,
La meilleure des deux : vous savez bien laquelle !
Tout ce qu'elle a donné d'or et de pur amour,
Faites qu'on le lui rende : elle est pauvre à son tour.
Elle est là, près de vous, dans sa peine enfermée,
La première oubliant sa frêle renommée ;

Pareille au rossignol qui voit venir l'hiver,
Sans qu'un arbre à sa vie ouvre un asile vert ;
Et comme il faut le nid au rossignol débile,
Elle demande à Dieu ce nid, ce tiède asile.

Moi, j'ose demander à vous, riche après Dieu,
Pour ce terrestre oiseau quelque céleste lieu
Où la flamme amollit la bise âcre et méchante,
Et laisse errer les doigts sur l'ivoire qui chante ;
Puis des lèvres d'enfans, qu'elle saurait former
A la langue d'en-haut, faite pour vous nommer !

AUX MANES D'AIMÉ DE LOY.

C'était donc votre mort que vous chantiez, poëte,
Quand votre voix jeta sa plus tendre clameur,
Comme le cygne antique errant sur l'eau muette,
Dans les derniers frissons d'une fièvre inquiète,
  Qui chante, et pleure, et meurt !

Et moi, qui vis vos yeux pleins d'ardente lumière,
Sur mon obscur chemin passer comme un flambeau,

Moi faible, destinée à mourir la première,
Me voilà donc vivante et seule, à cette pierre
    Qui fait votre tombeau !

Vous l'aviez dit un jour, un de ces jours d'orage,
Qui fait crier : Mon Dieu ! si j'étais votre enfant,
Laisseriez-vous ainsi mon fragile courage
Se briser, l'aile au sort, qui le roule et l'outrage,
    Comme une feuille au vent ?

Dieu vous l'a bien prouvé : ce que tout homme espère,
Cette lutte du sort, il l'a bien fait finir ;
Mais, pour ceux qui rêvaient votre avenir prospère,
Pour vos jeunes enfans pleurant leur jeune père,
    C'est bien tôt l'obtenir !

LA RONCE.

> I Seek no sympathy.
> Nor relief....
> > BYRON.

Pour me plaindre ou m'aimer je ne cherche personne;
J'ai planté l'arbre amer dont la sève empoisonne.
Je savais, je devais savoir quel fruit affreux
Naît d'une ronce aride au piquant douloureux :
Je saigne. Je me tais. Je regarde sans larmes
Des yeux pour qui mes pleurs auraient de si doux charmes ;
Dans le fond de mon cœur je renferme mon sort,
Et mon étonnement, et mes cris, et ma mort.

Oui! je veux bien mourir d'une flèche honteuse;
Mais sauvez-moi, mon Dieu! de la pitié menteuse.
Oh! la pitié qui ment, oh! les perfides bras,
Valent moins qu'une tombe à l'abri des ingrats.

A MADAME RÉCAMIER.

Ne me plaignez pas, Madame !
J'ai passé devant votre âme :
Sur mon rapide chemin,
J'ai regardé ce sourire
Tendre à ne pas le décrire ;
Et vous avez pris ma main.

Se plaint-on lorsqu'une étoile
Pénètre un moment le voile

D'un ciel éternel, mais noir.
Se plaint-on lorsque Dieu même
Daigne s'offrir à qui l'aime :
Et vous voir, c'est l'entrevoir !

Sur un transparent visage,
C'est ressaisir le présage
De son immortalité ;
C'est, sous la même apparence,
Lire au front de l'espérance,
Beauté ! bonté ! charité !

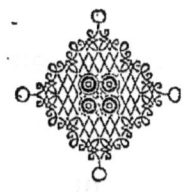

LE SAULE.

Saule de Sainte-Hélène,
Comme un gardien pensif,
Quand Dieu brise la chaîne
De l'immortel captif,
Pourquoi, tendre verdure,
Ce long murmure
Plaintif!

Ambassadeurs du monde,
Armés des trois couleurs,
Quand vingt vaisseaux sur l'onde
L'emportent dans les fleurs,
Pourquoi tes branches vertes,
Toutes couvertes
De pleurs?

Oh! laisse-lui mes larmes,
Pauvre peuple ébloui;
Crois-tu donc sous ses armes
Qu'il renaisse aujourd'hui?
Va! la mort n'a qu'une heure,
Et je la pleure
Sur lui!

Quand le grand capitaine
Se coucha sans retour
Au flanc de Sainte-Hélène,
Ma feuille prit le jour :

Depuis, je l'environne
D'une couronne
D'amour.

J'entourai sa grande ombre
De liens innocens ;
Il dormit calme et sombre
Dans mes bras frémissans ;
Et pour lui, mon haleine
Fut pure, et pleine
D'encens !

Car de pitiés divines
La vierge pleura tant,
Qu'elle enfla mes racines
Sous le roc palpitant ;
Et du bruit de ma sève
Rendit son rêve
Content !

Pour apaiser son âme,
Qui soupirait souvent,
J'imitai d'une femme
Le *Requiem* fervent;
Et sur l'étroite pierre
Une prière
D'enfant!

Quand la mer animée,
Dans ses flots turbulens
Simulait son armée
Et les tambours roulans,
J'inondais sa mémoire
De bruits de gloire
Plus lents.

Du martyr d'Angleterre
Honorant le tombeau,
Sur ce Christ militaire
J'inclinai mon drapeau;

Et vingt ans son étoile
    Ourdit mon voile,
        Plus beau !

Linceuil d'amour encore,
Je demande à couvrir
Sa cendre que j'adore,
Qu'il voulait vous offrir ;
Je veux, comme lui-même,
    Pour ce que j'aime,
        Mourir !

AU JEUNE PARALYTIQUE

Louis Saint-M...

« J'avais au plus dix ans : dans un âge aussi tendre,
« Je connaissais l'amour, tel qu'il se peut attendre,
« Dans un cœur de dix ans. Et je ne désirais,
« Que la voir et l'aimer ! et je ne demandais,
« Que de ses blonds cheveux une boucle soyeuse,
« Et parfois un baiser de sa bouche rieuse.
« Et j'étais le plus vieux, car elle avait huit ans ;
« Et je l'aimais ! . . . .

« . . . . Eh bien ! rappelons-nous ces rêves ;
« Ces parfums respirés et ces paroles brèves :
« *Je t'aime ! oh ! pense à moi!* Ces sentimens passés,
« Que le temps a pâlis, mais n'a pas effacés.
« Depuis lors, j'ai gardé, pendant longues années,
« Les boucles de cheveux qu'elle m'avait données ;
« Fidèle, j'ai gardé, bien qu'il soit tout flétri,
« Son petit gant d'enfant... C'est le larcin chéri !

« Voilà le souvenir tout fleuri d'innocence,
« Qui drape le matin de mon adolescence ;
« Voilà mon autre-fois, le bon temps, mes amours,
« Le jadis, dont mon cœur se souviendra toujours,
« Qui soulève en mon sein une vague ondoyante,
« Et tourne autour de moi comme une ombre flottante.
« Depuis lors, bien des jours sur ma tête ont passé,
« Mais le bonheur, jamais ! »
Louis Saint-M...

Où t'a-t-on vu, poète à la voix douloureuse

Et pure, au cœur sonore, à l'enfance amoureuse ?

Où t'a-t-on vu, jeune ange au pied silencieux,

Prendre haleine, et chanter en passant pour les cieux ?

Es-tu l'André divin dont on cherche la cendre,
Qui parmi nous, voilé, se hasarde à descendre,
Pour relire, inquiet, son livre inachevé,
Et le clore d'un rêve en mourant retrouvé ?

Ce doux cygne étouffé sous le pied de l'envie
Par tes yeux sans bonheur a-t-il revu la vie ;
Et n'y retrouvant plus ses hymnes mutilés,
Pleure-t-il dans tes vers ses beaux vers envolés ?

Alors que de ces vers la vibrante nitée
Du pied de l'échafaud s'enfuit épouvantée,
Les pris-tu lumineux sur le bord du chemin,
Où l'ange de la vie abandonnait sa main ?

Au-dessus des cachots, délivrée et chantante,
As-tu trouvé dans l'air cette âme encor flottante,
Après que sa grande aile eut franchi ses barreaux,
Toute rougie encor de l'acier des bourreaux ?

Hélas! on le croirait, tant la grâce est la même;
Tant tu sais, comme lui, ce qu'on sait quand on aime!
Oh! la Parque est cruelle à qui l'a vu mourir;
Mais quoi! la vie est triste à qui t'y sent souffrir!

Où que tu sois, jeune homme, où que pleure ton âme,
Dis : J'ai mon nom caché dans le cœur d'une femme,
Mon nom d'enfant, qui chante au milieu de ses jours,
Et qui dans sa prière à Dieu, monte toujours!

SUR L'INONDATION DE LYON

en 1840.

C'est toujours la pitié qui rassemble les femmes;
C'est toujours le malheur qui réveille leurs âmes;
Quand les petits enfans bénis dansent entre eux,
Elles tendent l'oreille aux récits douloureux,
Et les mains sur leur cœur plein de saintes alarmes,
Inventent des secours aux plus lointaines larmes.
Elles n'ont jamais dit : « Qu'importe? c'est là-bas! »
Voilà pourquoi la mort ne les éteindra pas;

Voilà pourquoi Dieu veut que des anges fidèles,
Pour les lui ramener les prennent dans leurs ailes.
Femmes ! je vous salue au nom des malheureux ;
Le ciel fécondera vos prières pour eux.

Les témoins consternés d'un tableau vaste et sombre
Oseront sous vos yeux en faire passer l'ombre :
C'est un coin du déluge, un fléau dans son cours ;
C'est un peuple qui meurt, et qui crie : Au secours !

Un reste de soleil animait la nature,
Et de Lyon la triste égayait la toiture.
Les vieillards prédisaient pourtant de sombres jours ;
Car les Alpes fondaient, et l'eau montait toujours.
Et toujours, quand la Vierge au pâle et doux visage
Éclaire sa chapelle au-dessus du nuage, *
Livres encor vivans de la foi des chrétiens,
Les vieillards ont entre eux de graves entretiens.

* Sur la montagne de Fourvières.

Ils savent qu'à Fourvière, au milieu des ténèbres,
Leur Madone a pleuré dans des clartés funèbres ;
Que la Saône a bondi d'un sanglot convulsif ;
Et le peuple qui croit en est resté pensif.

Cette pulsation des eaux et de la terre,
Ces divines lueurs au clocher solitaire,
Sur l'église allumée entre l'onde et les cieux,
Attirent, à minuit, les âmes et les yeux.
De pauvres artisans retardés dans la rue,
Ont vu causer le Rhône avec la Saône accrue,
Comme au temps où le ciel fit pleuvoir à la fois,
En sept jours, autant d'eau qu'il en pleut en sept mois ;
Puis, sous le flot tari, menaçante, plaintive,
Du Rhône échevelé prophétesse captive,
Un jour, que le soleil a séché sa prison,
Une pierre qui parle étonne la raison :
C'est la voix du Destin séculaire enfermée,
Dans son urne de sable, aride, inanimée,
Elle a crié : « Malheur à qui me trouvera !
Qui m'a vue a pleuré, qui me voit pleurera. »

Une autre vision, troublant trois fois leur rêve,
S'est balancée aux soirs, alentour de la grève.
Dans sa main blanche et froide une coupe tremblait,
Et répandait son eau dans l'eau qu'elle troublait.
Ces grands bruits, sillonnant la ville des aumônes,
Sinistres, comme au loin l'ébranlement des trônes,
Rendent aux longs récits les enfans attentifs,
Et dans les ateliers font les bras inactifs. *

Et voilà qu'au milieu d'une nuit immobile,
Deux fleuves mugissans ont traversé la ville ;
Voilà que l'eau s'étend où l'homme avait marché,
Et qu'un peuple s'éveille en ce linceuil couché.
Le torrent qui détruit le pied de sa demeure,
Lui répond : C'est la mort! quand il demande l'heure;
Plus loin, on entendit sous un pont qui croula :
Arrière, peuple, arrière! on ne marche plus là!

L'or n'arrêtera pas le châtiment qui passe;
De ses ailes d'écume il a couvert l'espace.

---

* Toutes ces croyances du peuple ont répandu de grandes terreurs avant l'événement de l'inondation.

Le regard ébloui cherche à se dessiller,
Car on croit voir... on voit les maisons vaciller ;
Et des toits ébranlés les craquemens horribles,
Des fondemens minés les bruits sourds et terribles,
Et la femme qui fuit, criant : Pitié sur nous !
Et le vieillard tombé qui se sauve à genoux,
Tout dit que le fléau qui roule et se soulève
A coupé ses remparts comme au tranchant d'un glaive.

Là-bas deux ramiers blancs aux brouillards suspendus,
Plus constans, plus heureux que leurs frères perdus,
De leur humble palais accompagnent la fuite,
Reste unique et flottant d'une maison détruite :
Mais l'homme, dans sa force, est partout refoulé ;
Chaque rue est un lac où l'abîme a roulé ;
La cité des martyrs dans l'onde agenouillée,
Écartant les lambeaux de sa tête mouillée,
Comme une pauvre veuve en ses bras amaigris
Renferme avec terreur ses enfans sans abris,
Des fleuves repoussant l'étreinte épouvantable,
Vers ses lointaines sœurs jette un cri lamentable.

On se cherche, on s'appelle, on ne se connaît plus,
Et le flot seul accourt à leurs cris superflus!

Sur l'esquif fragile
Vous, dont l'âme agile,
Dans la nuit errait
Où l'homme expirait;

Vous, dont la lumière
Courut la première
Aux lointains sanglots
Qu'emportaient les flots;

Merci pour les âmes
Qu'étouffaient les flammes,
Que vous enleviez,
Et que vous sauviez!

Merci pour vous-même,
O vous que l'on aime :

Votre nom vivra,
Et Dieu le saura ! *

Dans ce grand désespoir, dans ces muettes larmes,
Un doux événement, un objet plein de charmes,
Un enfant endormi, calme dans son berceau,
Flotte, mieux abrité qu'en un vaste vaisseau.
Comme un jeune Moïse il aborde au rivage ;
Les roses du sommeil n'ont pas fui son visage.
Jamais ceux qui l'ont vu n'oublieront cet enfant ;
Car un ange, bien sûr, un ange le défend.
Voyez : ni les malheurs du jour ni de la veille,
Ni les bruits, ni les vents n'ont ouvert son oreille ;
Ni les noirs tourbillons qui grondent sous son sort,
Rien ne le fait trembler, rien ne l'étonne : il dort !
Léger comme l'oiseau qui rase les tempêtes,
On dirait que les flots l'apportent sur leurs têtes.

D'intrépides nageurs l'attirent dans leur sein,
Sans l'éveiller encore à leur pieux dessein :

* M. Termes, maire de Lyon.

Ils entraînent la foule au côteau de Fourvière,
Y déposent l'enfant en forme de prière.
Des femmes, de partout, accourent pour le voir ;
Dans son arche paisible il rayonne d'espoir.
D'où vient-il, où va-t-il, ignorant de lui-même ?
Enfant sans mère, il vient à la Vierge qui l'aime,
Et, pour tous les enfans qui n'ont plus de berceaux,
Lui semble offrir sa crèche aux flexibles arceaux.
Pitié ! Son air charmant, que rien ne peut décrire,
Dans le peuple à genoux fait errer un sourire ;
Et la Vierge, on l'assure, a murmuré tout bas :
« La prière a monté : Lyon ne mourra pas ! »

Décembre 1840.

AU POÈTE PROLÉTAIRE,

Le Breton.

Vous, que j'ai vu passer dans l'été de votre âge,
Portant vos jours avec un digne et haut courage,
Excitant de vos bras les débiles ressorts,
Chanter sous la sueur des paternels efforts;
Vous, que j'ai vu sublime et renfermant vos ailes,
Vous résigner au sol, pareil aux hirondelles,

Qui, pour nourrir leurs nids, percent les durs sillons,
Et partagent le grain de milliers d'oisillons :
Pourquoi vous ai-je vu tout-à-coup triste et pâle,
Couvrir de vos deux mains vos traits brûlés de hâle,
Tel qu'un homme hâté s'arrête de courir,
Et dit en lui : C'est vrai, pourtant, il faut mourir !
Puis qui reprend sa route avec la tête basse,
Comme si d'un fardeau son épaule était lasse?
Ah! c'est que des points noirs troublent un ciel vermeil,
Quand nos yeux éblouis ont vu trop de soleil.

C'est qu'on n'a pas encore, à chaque âme qui tombe,
Aplani le chemin du baptême à la tombe;
C'est qu'à cette âme en pleurs de sa chute du ciel,
On refuse déjà le froment et le sel;
C'est qu'il ne passe pas franc de port sur la terre,
Ce problème, scellé d'espoir et de mystère;
C'est que l'on ne veut pas, même au prix du travail,
Laisser l'herbe au troupeau sans pâtre et sans bercail.
Le travail! le travail, et le pain sans aumône,
Dieu l'a semé pour tous : on nous prend ce qu'il donne.

Hélas! hélas! ma mère a pleuré pour du pain!
Hélas! j'ai vu mourir de froidure et de faim!
Hélas! quand la faim gronde au cœur d'une famille,
Quand la mère au foyer voit chanceler sa fille,
Quand tout y devient froid, jusqu'aux pleurs de leurs yeux,
Qu'elles n'ont plus de voix pour l'élever aux cieux;
Quand les petits enfans, bégayant leurs prières,
Alors qu'un doigt de plomb pèse sur leurs paupières,
Tâchent de dire encore à leur ange gardien :
« Donnez-nous aujourd'hui notre pain quotidien! »
Mon frère, n'est-ce pas que la mère est sublime,
Si ses flancs déchirés n'enfantent pas un crime;
Si l'air ne bondit pas des sanglots du tocsin,
Que son remords alors ne peut plus interrompre;
Et si comme une épée, ils frappent à le rompre
   Les fibres tendus de son sein!

Mais, vous savez aussi comment la pitié vole,
Et suspend la révolte, et s'empresse au secours;
Et comment, jusqu'au cœur, sa limpide parole
Infiltre l'eau divine avec les saints discours.

Moi, je sais qu'elle a dit au lit de mon aïeule :
« Femme, ne mourez pas : levez-vous, me voici ! »
Et plus tendre, et plus bas, pour le dire à moi seule :
« Toi qui devais donner, pauvre ange, prends aussi. »
C'était... oh ! c'était vous, mon Dieu ! j'y crois encore.
Oui, frère, c'était Dieu, ce Père que j'adore,
Ce Roi, que son enfant n'appelle pas en vain ;
Dont le sang a coulé dans ma soif et ma faim !

Ainsi vous avez beau chanter, père et poëte,
Beau mesurer votre âme et relever la tête,
Beau crier, plein d'haleine : A moi la vie ! à moi !
La terre est toute à l'homme, et l'homme en est le roi ;
Vous sentez par secousse une chaîne inconnue,
Dans la prison de chair où votre âme est venue.
Vous avez beau prétendre à vos trésors épars ;
Vos trésors envahis glissent de toutes parts.
Dans la foule *de rois* où vous perdez votre ange,
Il ne vous reste rien qu'une fatigue étrange,
Une langueur de vivre, une soif de sommeil,
Et toujours la misère assidue au réveil ;

La misère au milieu du grand Éden! méchante
Au passereau qui vole, au rossignol qui chante,
A la fleur qui veut naître et qui n'ose éclater,
Au germe qui veut vivre et ne peut palpiter;
L'âpre misère enfin, cette bise inflexible,
Qui détruit lentement ce que Dieu fit sensible;
Dont le pâle baiser gèle l'arbre et le fruit;
Elle pousse ma porte, où s'élève sans bruit
La prière toujours allumant son sourire,
Quand l'ange gardien passe et m'aide à la mieux dire.
Moi, j'ai toujours au cœur le répit d'un tourment,
Quand ma pensée à Dieu s'envole librement!

Allez! je vous devine, et j'ai ma soif déçue,
Ma douce royauté vainement aperçue;
J'ai mes chants commencés qui s'écoulent en pleurs;
Mes épines au front que je croyais des fleurs!
L'amour m'a fait présent d'une tendresse amère,
Du doux remords d'aimer et d'oser être mère.
En regardant pâlir des fronts purs et charmans,
On a peur d'attirer sur eux ses châtimens;

On a peur d'égarer une âme aux blanches ailes
Dans les sentiers souillés par tant d'âmes cruelles,
Ou de les voir nager dans les flots turbulens
Qui viennent d'épuiser nos bras vains et tremblans.

Ces beaux enfans, si fiers d'entrer dans nos orages,
Rêvant leurs horizons, leurs jardins, leurs ombrages,
Moi, quand je les vois rire à ce prisme trompeur,
Je veux rire, et je fonds en larmes dans mon cœur.
Et vous, n'avez-vous pas de ces pitiés profondes
Qui vous percent le sein, comme feraient les ondes
En creusant goutte à goutte un caillou? Mille fois
J'ai voulu les instruire, et j'ai gardé ma voix.
Que fait la chèvre errante au rocher suspendue,
Qui rêve et se repent de sa route perdue?
Ose-t-elle effrayer, penchés sur le torrent
Les chevreaux pris aux fleurs qu'emporte le courant.

Qu'irions-nous raconter à leurs jeunes oreilles?
Que sert d'en soulever les couronnes vermeilles,

Dont il plaît au printemps d'assourdir leur raison ;
Ils ont le temps, pas vrai : tout vient dans sa saison.
Oh ! laissons-les aller sans gêner leur croissance ;
Oh ! dans leur vie à jour n'ont-ils pas l'innocence ?
Au pied d'un nid chantant parle-t-on d'oiseleur ?
Tournons-les au soleil et restons au malheur !

Ou plutôt, suivons-les : quelle que soit la route,
Nous montons, j'en suis sûre et jamais je ne doute ;
J'épèle, comme vous, avec humilité,
Un mot qui contient tout, poète : éternité !
De chaque jour tombé mon épaule est légère ;
L'aile pousse et me tourne à ma nouvelle sphère :
A tous les biens ravis qui me disent adieu,
Je réponds doucement : va m'attendre chez Dieu !
Qu'en ferais-je, après tout, de ces biens que j'adore ?
Rien que les adorer ; rien que les perdre encore !
J'attends. Pour ces trésors donnés, repris si tôt,
Mon cœur n'est pas éteint : il est monté plus haut !

MERCI POUR MA FILLE.

Au sort de votre père en étoile attachée,
Lampe de sa maison, lumineuse et cachée,
Paisible sur les bords d'un profond avenir,
Penchez un peu l'oreille au jeune souvenir.

Une lisière encor vous tenait ; vos pieds d'ange,
Trop faibles pour la terre, où tout blesse, où tout change,
Ne marchaient pas sans guide en nos rudes chemins,
Et vous aviez du ciel plein vos petites mains,

Pour une âme nouvelle à cette vie amère,
Un enfant dans sa crèche (où n'était pas sa mère),
Ébloui de votre âge et du regard charmant
Dont vous illuminiez son jeune sentiment.

La mère, c'était moi; l'enfant, c'était ma fille,
Qui manquait au cortége errant de la famille.
Au pied de la croix haute* et d'un frais arbrisseau,
Nous avions à la hâte élevé son berceau.
Pâle de mon courage et d'angoisse suivie,
Je la cédais au sein qui lui versait la vie;
D'une aile sans repos le malheur m'enlevait,
Et votre père ému, d'un regard me suivait.

Et vous, sur votre père incessamment penchée,
Visitant ma jeune âme où Dieu l'avait cachée,
Comme au nid d'un oiseau, vous montiez quelquefois
Lui bégayer mon nom d'une angélique voix.

* La montagne de la Croix-Rousse, à Lyon.

Elle, la joue encore humide de mes larmes,
Vous connaissant du ciel, jouait avec vos charmes ;
Et son cœur dilaté, d'un instinct tendre et prompt,
Allait s'épanouir aux lys de votre front :

L'ange blanc du baptême, en ondoyant votre âme,
A laissé dans vos lis rayonner tant de flamme !
Niez-vous ce passé recéleur de ma foi,
Et ce qu'il dit de vous quand il s'éveille en moi !

UNE PRIÈRE A ROME,

Pour mon Frère.

Rome, où ses jeunes pas ont erré, belle Rome!
Je ne demande pas tes antiques malheurs,
Tes siècles admirés, tes sanglantes douleurs;
Ta grande ombre est couchée, elle rêve un grand homme :
C'est le trésor du temps, le temps l'enfantera;
Tes flancs seront rouverts et ton deuil sourira.

Dors au bruit des tombeaux dont la poudre frissonne ;
Ils se réveilleront. Je n'éveille personne,
Moi ; je suis la prière inclinée à genoux,
Disant à la Madone : Ayez pitié de nous !
Je suis l'aile d'oiseau qui traverse la terre,
Et qu'arrête en passant ta splendeur solitaire ;
Je suis le grain de sable à tout vent emporté,
Sollicitant aussi sa part d'éternité.

Tout veut vivre. Altéré de longs bruits, de longs rêves,
Tout veut planter sa fleur sur d'immuables grèves ;
Tout veut nouer ses jours à d'innombrables jours,
Et crier en fuyant : Toujours ! toujours ! toujours !
Le vieil aveugle aussi qui chante à la guitare,
Dont le souffle s'épuise et dont la voix s'égare,
Sent-il qu'un cercueil passe en son chemin obscur :
Aveugle et vieux, il fuit en repoussant le mur.
Sa bouche était ouverte à chanter Métastase ;
Le soleil et la brise enlevaient son extase ;
De longs jours ruisselaient au fond de son cachot ;
L'espoir battait de l'aile à son front nu, mais chaud ;

PRIÈRES.

Un mort vient tout-à-coup de souffler sa lumière;
C'est une double nuit qui pèse à sa paupiere.
Il ne veut pas qu'on meure! et je ne le veux pas;
Et j'aime mieux l'exil que la mort dans mes pas.

Sur la mer sans repos qui parle avec l'orage,
Dans les bois dont la sève a déroulé l'ombrage,
Aux rayons du soleil âpre et brûlant mes mains,
Qui du même baiser consume les humains,
Je n'ai jamais voulu mourir à mes misères,
Ni m'éteindre à l'espoir qui court dans mes prières;
Moi, le plus faible son de l'éternel accord,
Rome, je ne veux pas, vois-tu, me taire encor.

Je cherche à quelle pierre une main adorée
Grava l'humble présent de ma lettre ignorée,
Quand de la grande armée alors soldat vainqueur,
Mon frère à tes trésors n'enleva qu'une fleur.
Rome! elle était pour moi, je l'avais souhaitée;
Et toute tiède encor je te l'ai rapportée,

A toi qui peux me dire où, captif et sanglant,
Mon soldat traîne aussi son sort las et brûlant :
Dans quel cachot d'Espagne, à quel ponton d'Écosse
On l'envoya chercher une tombe précoce ;
Et si par tout ce monde où Dieu me fait errer,
Je reste pour l'attendre, ou bien pour le pleurer !

C'est pour lui que j'étreins ta grande croix latine ;
Que je regarde en haut la coupole Sixtine,
Avec le saint effroi qui saisit un lépreux,
S'il a vu trop d'éclat dans son sort ténébreux :
Car je n'ai pas compris ce qu'il faut bien comprendre.
Trop seule, pour rester, trop lasse pour apprendre,
Ton passé me tûrait par ses grandes rumeurs ;
Mais je demande à vivre enfin, car je me meurs.

Rome ! je veux l'amour avec toutes ses larmes,
Avec son innocence, avec ses saintes armes ;
C'est bien plus que toi, Rome, où je passe à genoux,
Disant à la Madone : Ayez pitié de nous !

C'est bien plus pour l'oiseau qui traverse la terre,
Suspendu, sans chanter sur ta croix solitaire,
Et pour le grain de sable à tout vent emporté,
Sollicitant aussi sa part d'éternité!

PRISON ET PRINTEMPS,

Au Spielberg.

      Les flots,
Plus mollement portent les matelots ;
J'entends sur moi passer les hirondelles :
      Vers vous,
Pour m'envoler, climats lointains et doux,
Oh ! que mon cœur n'a-t-il reçu comme elles,
      Des ailes !

Toujours,
Pour retourner où couvent les beaux jours,
Heureux oiseaux, Dieu vous montre une étoile;
Aux cieux,
Ma jeune étoile aussi brille à mes yeux :
Mais j'ai rompu comme une frêle toile,
Ma voile !

Aux fleurs,
Pleines d'encens et d'humides couleurs,
Allez puiser le miel de la prairie;
Oiseaux !
Plus près alors affrontez mes réseaux ;
Et rapportez à ma lèvre ravie
La vie !

Dans l'air,
Si vous trouvez la pitié, doux éclair !
Entraînez-la vers la prison qui pleure;
Par fois,
Jusqu'au martyr elle a glissé sa voix :

Oh! que sa voix l'enivre avant qu'il meure;
C'est l'heure!

Allez!
Souffles de Dieu, vos destins sont ailés;
Vos chemins bleus n'ont ni clés ni barrière.
Mais quoi!
Dans ce désert qui cause votre effroi,
Ne croyez pas mon âme prisonnière,
Entière!

Souvent
Mon âme est libre, et sur le front du vent,
Quelque âme au loin l'attire et la rappelle.
Bourreaux,
Sur cette flamme étendez vos barreaux :
Que pouvez-vous sur la pauvre immortelle,
Meurt-elle?

L'ENFANT ET LA FOI.

Italie.

Prompt ramier, fleur des toits, d'où viens-tu ce matin?
Qel espoir t'enlevait par ce temps incertain,
  Lourd de pluie,
  Chaud d'éclairs;
Le printemps descend-il sur ton aile qui plie?
Tes amours logent-ils dans un nid haut et clair?
D'où viens-tu : de chez toi ; car ton sol est dans l'air!

Voyageur des grands cieux! souffle errant! esprit pur!
N'as-tu pas rencontré dans tes sillons d'azur,
        Albertine,
          Ame en fleur?
Assise au seuil de ~~deuil~~ *Dieu* cette pâle églantine,
Qui m'attend, inclinée au bruit de nos malheurs,
A-t-elle encor des yeux pour regarder mes pleurs?

Sur ses chastes genoux tient-elle un jeune enfant,
Envolé par la mort vers son Dieu triomphant?
        Ce bel ange
          Fut à moi!
En te voyant monter de la terre, où tout change,
Tend-il ses douces mains pour jouer avec toi,
Comme l'enfant Jésus qui relève ma foi!

Toi qui flottes vivant dans les mondes plus beaux,
Sans passer comme nous par l'effroi des tombeaux,
        Prends, et donne
          Cet écrit,
A celle que le pauvre appelait sa Madone;

Porte mon baiser triste à l'enfant qui sourit,
Et qui me laissa seule aux pieds de Jésus-Christ.

Oh! qui me les rendra, mes divines amours!
Oh! que faut-il donner pour les garder toujours!
           Ce que j'aime
           Change, ou meurt!
Mais, la vie a des flots qui m'enlèvent moi-même,
Et chaque battement de mon sein en rumeur,
Est un pas vers ton ciel où frappe ma clameur.

Que tu sois la foi vive, ou sa sœur charité,
Ou l'enfant, dont ta forme enferme la beauté,
           Reparue
           Ici-bas,
Aide une âme à franchir les pavés de la rue;
La fange des ruisseaux qui consterne mes pas;
Et la foule déserte, où tu ne descends pas!

A L'AUTEUR DE MARIE,

M. Briseuc.

Vos vers c'est le printemps : pluie et soleil ensemble ;
C'est l'orage et l'oiseau dans le chêne qui tremble.
Moi, quand je me souviens, le front sur mes genoux,
J'écoute un de vos chants, jeune et vrai comme vous.

Vous ! que j'ai vu monter à la haute Italie,
Enfant, plein de musique et de mélancolie ;
Poète ! qu'une hysope arrêtait en chemin ;
Frère, attardant son pas pour rencontrer ma main...

Quand vous alliez fervent vers le peuple qui prie,
Vous portiez dans le cœur le livre de Marie ;
Vous aviez des parfums plein l'âme, et dans les yeux,
Comme au temps où l'on croit, de longs reflets des cieux.
Tout est dans ce beau livre écrit avec des flammes,
Reliquaire d'amour qui fait rêver les femmes ;
Dont chaque page pure exhale une âme en fleur,
Qui se répand dans l'ombre et coule pleur par pleur !
Chaste et vivante école, où ma vague pensée
Apprit à soulever son aile embarrassée ;
Seuil du toit paternel où s'élève un berceau ;
Foi vive, écoutant Dieu dans la voix du ruisseau ;
Instinct sublime et doux, qui touche une grande âme,
De pitié pour l'enfant, de respect pour la femme :
Tout est dans ce beau livre où l'on vous voit passer,
Marcher seul au soleil, et sourire et penser,
Et regarder de loin l'idole reconnue,
Comme aux nuits du pasteur l'étoile revenue,
Ou comme l'églantine au front du printemps vert,
Qui s'étonne et sourit d'avoir vaincu l'hiver :
Vos mains si sagement ont touché sa couronne,
Qu'elle ne rougit pas dans l'air qui l'environne,

Non, la vierge allaitante et ruminant le ciel,
N'a pas souri plus vierge aux mains de Raphaël!

Eh bien! qu'avez-vous fait des vertes espérances,
Frais dictame attendu par d'amères souffrances?
En avez-vous cueilli sur les grands Apennins?
Rome s'est-elle émue à vos ennuis divins?
Vos cris ont-ils troublé cette reine indolente,
De son sommeil d'îlote a s'éveiller si lente?
Avez-vous fait bondir dans les échos dormans
Vos colères d'amour et vos espoirs charmans?
Ah! vous me regardez et vous murmurez : DANTE!
Avez-vous dans l'enfer plongé votre âme ardente?
Savez-vous Béatrix? et vos traits pâlissans,
Disent-ils le secret de vos nouveaux accens!

Si vous savez ce que fait l'âme sombre,
Bien que passant à travers beaucoup d'ombre,
Tant qu'au chemin pend un rayon vermeil,
Prenez, prenez le côté du soleil!

Aimez ce roi, le plus grand roi du monde,
Illuminant la terre qu'il féconde,
Ne gardant rien au bout de ses rayons,
Des flots d'or pur qu'il répand aux sillons !

Allez grandir, jeune homme, à sa lumière,
Et chantez Dieu, source unique et première,
Du chaud trésor également versé
Sur l'humble chaume et le temple élancé !

Tournez à lui, tournez lyre vivante,
Comme Daniel, sans le savoir, savante :
Baignez dans l'air tous vos rhytmes brûlans,
Qui, loin du jour mûriraient froids et lents.

Buvez, buvez, à la source cachée,
Dieu vous la doit pour l'avoir bien cherchée :
Dieu le découvre à si peu d'entre nous
Ce filet d'eau que l'on boit à genoux !

Moi, je suis ceux que la gelée offense;
Que l'âpre hiver insulte sans défense;
Qui, pour foyer n'ont qu'un vieux mur vermeil,
Chauffé par jour d'un rayon de soleil!

L'ÉGLISE D'ARONA.

(Italie.)

On est moins seul au fond d'une église déserte,
De son père inquiet c'est la porte entr'ouverte ;
Lui qui bénit l'enfant, même après son départ ;
Lui, qui ne dit jamais : « N'entrez plus, c'est trop tard ! »

Moi, j'ai tardé, Seigneur, j'ai fui votre colère,
Comme l'enfant qui tremble à la voix de son père,

Se dérobe au jardin tout pâle, tout en pleurs,
Retient son souffle et met sa tête dans les fleurs;
J'ai tardé! Retenant le souffle de ma plainte,
J'ai levé mes deux mains entre vous et ma crainte;
J'ai fait la morte; et puis, en fermant bien les yeux,
Me croyant invisible aux lumières des cieux,
Triste comme à ténèbre au milieu de mon âme,
Je fuyais. Mais, Seigneur! votre incessante flamme,
Perçait de mes détours les fragiles remparts,
Et dans mon cœur fermé rentrait de toutes parts!

C'est là que j'ai senti, de sa fuite lassée,
Se retourner vers vous mon âme délaissée;
Et me voilà pareille à ce volage enfant,
Dépouillé par la ville, et qui n'a bien souvent,
Que ses débiles mains pour voiler son visage,
Quand il dit à son père : Oh! que n'ai-je été sage!

JEUNE FILLE.

Mademoiselle Zoé Dessaix.

Pour que tu sois de Dieu l'aimée ;
La plante toujours parfumée,
Et colombe au vol triomphant
      Nommée,
Garde la foi qui te défend,
      Enfant !

Fleur entre le ciel et la terre,
Que ton doux règne solitaire,
Ne soit troublé d'aucun tourment,
    Austère;
Que tes beaux jours soient un moment,
    Charmant!

Que ton sourire écoute l'heure;
N'apprends jamais celle où l'on pleure;
Et quand l'astre apaisé du soir,
    T'effleure,
Que ton Dieu t'y laisse entrevoir
    L'espoir!

LA PAGE BLANCHE.

A ma Fille.

Ondine ! prends cette page,
Dans ton livre vierge encor ;
Ta plume éloquente et sage
Peut m'y verser un trésor.
Sur sa blancheur que j'envie
Ton âme se répandra,
Et du trouble de ma vie,
Un jour me consolera.

Seule en mon sentier mobile,
Au vaisseau navigateur,
Sous la lumière tranquille,
D'un jeune astre protecteur,
J'écrirai de mon voyage,
Les écueils et les ennuis,
Et tu sauras, dans l'orage,
Quelle étoile je poursuis !

Chère ! adieu. Ce mot d'alarme,
Que vient d'essayer ma main,
Ce mot trempé d'une larme
Ouvre mon triste chemin !...
Mais ton regard qui m'écoute
Ne veut pas répondre adieu ;
Étends-le donc sur ma route,
Comme un doux rayon de feu !

LE SOLEIL DES MORTS.

Lune! blanche figure assise à l'horizon,
Que viens-tu regarder au fond de ma maison?
Remets-tu chaque soir avec tant de mystère,
Une lampe à ton front pour espionner la terre?
Et quand tu rentreras, lasse, au bout du chemin,
Aux anges rassemblés que diras-tu demain,
Curieuse! ou plutôt, sentinelle sans armes,
De ce monde assoupi viens-tu pomper les larmes;

Puis, les portant au juge à qui tu peux parler,
Dis-tu qui les répand et qui les fait couler?

Es-tu femme? et là haut du passé poursuivie,
Oses-tu, sans soleil, redescendre la vie,
Pour effacer ton nom par quelque honte écrit
Au livre d'un méchant qui le relit, et rit!
Mais le mal accompli, dis-moi si rien l'efface,
Ou si l'éternité l'emporte à sa surface?
Le sais-tu, toi si triste et si grave souvent,
Quand tu cours à travers le nuage et le vent?
Quand tu baignes, la nuit, ton disque solitaire,
Dans un lac, présageant tant de pluie à la terre?
Quant aux vitraux d'église, où l'on entend des voix,
Tu passes tes longs fils pour étreindre la croix?
Quand tu trembles dans l'eau, miroir de la vallée,
Quand tu blanchis des bois la tête échevelée :
Si tu le sais, alors sois douce aux yeux craintifs
Et prolonges sur eux tes rayons attentifs.
Dans nos chambres, vois-tu; la fièvreuse insomnie,
Sur beaucoup d'oreillers se penche en ennemie,

Elle entre, et bien des yeux qui paraissent fermés,
Sont par des pleurs sans bruit ouverts et consumés.
Oh! si tu n'étais, toi, qu'un beau front de Madone,
Saintement inondé de l'amour qui pardonne!
Oh! si Dieu le voulait que tes tendres clartés,
Soient des pardons promis aux pauvres visités!
N'as-tu pas pour cortège un flot de jeunes âmes,
Mêlant à tes lueurs leur vacillantes flammes?

Dis donc à ces enfants envolés loin de nous,
De venir embrasser leurs mères à genoux :
Lune! il en est plus d'un qui doit me reconnaître,
S'il me regarde ainsi penchée à ma fenêtre;
Qui m'apparut à moi, beau, sans ailes encor,
Et qui m'a brisé l'âme en reprenant l'essor.

Nous avons mis leurs noms sous des touffes de roses;
De tes pâles fraîcheurs, ô toi qui les arroses,
Qui plus forte que nous visites leur sommeil,
Lune! merci, je t'aime autant que le soleil!

Merci ! toi qui descends des divines montagnes,
Pour éclairer nos morts épars dans les campagnes,
Dans leur étroit jardin qui viens les regarder.
Et contre l'oubli froid tu sembles les garder :

Je me souviens aussi devant ton front qui brille,
Douce lampe des morts qui luis sur ma famille ;
Au bout de tes rayons promenés sur nos fleurs,
Comme un encens amer prends un peu de mes pleurs :
Nul soleil n'a séché ce sanglot de mon âme,
Et tu peux le mêlant à ton humide flamme,
L'épancher sur le cœur de mon père endormi,
Lui, qui fût mon premier et mon plus tendre ami !

Quel charme de penser en te voyant si pure
Et cheminant sans bruit à travers la nature,
Que chaque doux sépulcre où je ne peux errer,
En m'éclairant aussi tu vas les éclairer !
A ma bouche confuse enlève une parole,
Pour la sanctifier dans ta chaste auréole ;

Et de ta haute Église, alors, fais la tomber
Loin, par delà les mers, où j'ai vu se courber
Ma tige maternelle enlacée à ma vie,
Puis, mourir sur le sable où je l'avais suivie,

Son sommeil tourmenté par les flots et le vent,
Ne tressaille jamais au pas de son enfant;
Jamais je n'ai plié mes genoux sur ma mère;
Ce doux poids balancé dans une vague amère,
Lune! il m'est refusé de l'embrasser encor :
Porte-lui donc mon âme avec ton baiser d'or!

UNE HALTE SUR LE SIMPLON.

A Pauline Duchambge.

C'était l'heure où des monts les géantes structures,
Forment aux yeux errans de bizarres sculptures;
Des couvents sans vitraux et des clochers sans voix;
Des saints agenouillés aux lisières des bois;
Des anges fatigués et reposant leurs ailes,
Sur les créneaux troués de célestes tourelles :
L'heure où flotte le rêve et par monts et par vaux,
Également bercé dans le pas des chevaux.

C'était triste, mais grand ! désert, mais plein de charmes !
L'eau, filtrante au rocher, faisait un bruit de larmes ;
L'étoile, dans le lac se creusant un miroir,
Rayonnait, on l'eût dit, de l'orgueil de se voir.
De ces palais ouverts, sans gardiens, sans serrures,
La lune illuminait les pompeuses parures ;
Et sa lampe éternelle, aux reflets purs et blancs,
Montrait les profondeurs aux pèlerins tremblans.

Ce soir-là tout aimait, tout s'empressait de vivre ;
Tout faisait les honneurs des chemins doux à suivre :
L'océan de la nuit se balançait dans l'air ;
Pas un souffle inclément, enfin ! pas un éclair
N'agitait des aiglons les aires toutes pleines,
Et les fleurs se parlaient : le bruit de leurs haleines,
Dans l'herbe, ressemblait à des baisers d'enfans
Qui s'embrassent entre eux, rieurs et triomphans.
Là, j'avais dit aux miens, j'avais dit à moi-même :
« Dieu qui nous a voués aux départs, Dieu nous aime ;
Il enlace nos jours et les mains dans les mains,
Nous refait de l'espoir aux douteux lendemains. »

Descendue en courant de l'ardente Italie,
Cette porte du ciel qui jamais ne s'oublie,
De chants et de parfums tout inondée encor,
Et les cils emmêlés de ses longs rayons d'or,
Prise aux jours qui s'en vont, que l'âme seule écoute,
Dont les échos perçans entrecoupaient ma route ;
Des lointains rapprochés les indicibles voix,
Me criaient : « Où vas-tu transir comme autrefois ?
Quel soleil séchera ton vol trempé d'orage,
Ame à peine échappée à ton dernier naufrage ;
Pauvre âme ! où t'en vas-tu, qui ne te souviens pas
De ton aile blessée et traînante ici-bas.
Viens t'asseoir, viens chanter, viens dormir dans nos brises,
Viens prier dans nos bras pleins d'encens, pleins d'églises.
Viens ranimer ton souffle au bruit calmant de l'eau,
Au cri d'une cigale à travers le bouleau.
Viens voir la vigne antique à l'air seul attachée,
Le sein toujours gonflé d'une grappe cachée,
Étendant follement ses longs bras vers ses sœurs,
Bacchantes sans repos appelant les danseurs.
Viens où les joncs et l'onde où le roseau se mire,
Poussent, en se heurtant, de frais éclats de rire ;

Viens : tu les sentiras, par leurs frissons charmans,
De l'attente qui brûle amollir les tourmens.

Viens, viens ! Naples t'invite à ses nuits de guitares ;
Chaque arbre plein d'oiseaux t'appelle à ses fanfares.
Viens, viens ! nos cieux sont beaux, même à travers des pleurs ;
Viens ! toi qui tends aux cieux par tes cris de douleurs ;
Apprends à les chanter pour voler plus haut qu'elles :
A force de monter tu referas tes ailes !
On monte, on monte ici toujours. Nos monumens
Emportent la pensée au front des élémens.
Le feu se mêle à l'air et rend les voix brûlantes ;
L'air à son tour s'infiltre aux chaleurs accablantes ;
Ici Paganini fit ses concerts à Dieu ;
Son nom, cygne flottant, frôle encor chaque lieu :
Posant aux nids nouveaux ses mains harmonieuses,
Tu l'entendras jouer dans nos nuits lumineuses,
Où son âme fut jeune, il aime à l'envoyer,
Et c'est en haut de tout qu'elle vient s'appuyer. »

Ce nom me fit pleurer comme un chant sous un voile,
Où brille et disparaît le regard d'une étoile :

Alors tout le passé ressaisissant ma main,
Des jets du souvenir inonda mon chemin.

Paganini ! doux nom qui bats sur ma mémoire,
Et comme une aile d'ange as réveillé mon cœur,
  Doux nom qui pleures, qui dis gloire,
  Échappé du céleste chœur ;
Tous les baisers du ciel sont dans ton harmonie,
Doux nom ! belle auréole éclairant le génie ;
Tu bondis de musique attaché sur ses jours ;
Tu baptisas son âme : oh ! tu vivras toujours !

Et l'écho reprenait : « Nos tièdes solitudes
Endorment votre Adolphe à ses inquiétudes ; [*]
Et dans ce cœur malade à force de brûler,
Nous versons l'hymne sainte et prompte à consoler.
Noble artiste au front d'ange, à la beauté divine,
Qui devina des cieux tout ce qu'on en devine,
Sous ses mains, comme toi, s'il a caché des pleurs,
C'est de nous qu'il attend et qu'il obtient des fleurs ! »

[*] Adolphe Nourrit.

Te voilà donc heureux, jeune homme aux lèvres pures;
Incliné dès l'enfance à de saintes cultures ;
Qui n'as chanté l'amour qu'en l'adressant au ciel,
Et n'y pus supporter une goutte de fiel !
Te voilà donc heureux! Je bénis l'Italie :
Elle a penché l'oreille à ta mélancolie ;
Elle a, dans l'un de nous, payé pour ses enfans,
Que Paris fit toujours riches et triomphans!

Quand tu redescendras vers ta blonde famille,
Par ces carrefours verts où la Madone brille,
Où la lune répand d'éclairantes fraîcheurs
Sur les fronts altérés des pauvres voyageurs ;
Où le gaz argenté de cette humide lampe,
Des tournantes hauteurs frappe la vaste rampe,
Si la cascade, ainsi que de profonds sanglots,
Sur tes pieds ramenés laisse rouler ses flots;
Si l'espoir qui bruit, au fond de la chapelle,
Comme un pur filet d'eau te salue et t'appelle ;
Oh! viens-y respirer, d'une profonde foi,
Les bouquets qu'en passant nous y laissons pour toi.

Rien n'est bon que d'aimer, rien n'est doux que de croire,
Que d'entendre la nuit, solitaire en sa gloire,
Accorder sur les monts ses sublimes concerts,
Pour les épandre aux cieux, qui ne sont pas déserts!

Nous venions de franchir l'effroi de deux abîmes,
Où des cheveux divins vous suspendent aux cîmes ;
Où le tronc d'un vieux arbre est le seul pont jeté
Entre l'âme qui passe et son éternité ;
Où l'on ferme les yeux sur la pente rapide,
Pour n'y pas voir rouler quelqu'enfant intrépide,
Qui vous échappe et court, et vous offre une fleur,
Quand vous l'atteignez, vous, sans voix et sans couleur.

Et nous goûtions du soir la suave magie,
Tempérant de l'été la brûlante énergie ;
Oubliant (nous voulions l'oublier) les serpens
Que nous venions de fuir si bas et si rampans.
Pas un n'avait atteint le cœur. Anges fidèles,
Mes deux filles si haut m'enlevaient dans leurs ailes!
Ces deux étoiles d'or brillaient au front des vents,
Et j'avais du courage : il est dans nos enfans.

Adolphe, quand des tiens la riante cohorte,
Comme six séraphins assailleront ta porte,
Oh! ne les quitte plus; oh! rends-leur à toujours
Leur mère, couronnée avec ses sept amours!

Mais ce cri, qui deux fois a traversé l'espace,
Est-ce quelqu'âme à nous qui nous nomme et qui passe;
Que ne peuvent toucher ni nos mains ni nos yeux,
Et qui veut nous étreindre en s'envolant aux cieux?
Ondine! éveille-toi... Mais non, dormez encore;
Ce n'est pas de Nourrit la voix pleine et sonore;
Nous avons rendez-vous en France : ainsi, dormez,
Dormez, enfans; rêvez à ceux que vous aimez!

Sous mon fardeau de mère et mes liens de femme,
Plus près du ciel ainsi je vivais dans mon âme,
Quand le sort qui tournait poussa cette clameur :
   Votre Adolphe se meurt...
Il est mort: Pour saisir l'illusion perdue,
Son âme s'est jetée à travers l'étendue;

Son âme qui souffrait, oubliant sa hauteur,
D'une tache de sang a terni sa blancheur !
Elle voulait dormir à son foyer tranquille,
Et caresser sa mère, et saluer la ville,
Où ses hymnes d'adieu retentissent encor ;
Dont le nom l'appelait d'un suppliant accord.
A des berceaux lointains elle voulait s'abattre,
Et chanter au milieu d'enfans, troupe folâtre,
Qui l'attirait tout bas et lui soufflait des fleurs,
Et des baisers, si frais aux brûlantes douleurs !
Le malade songeait qu'il lui venait des ailes ;
Un rêve couronné d'ardentes étincelles,
L'a surpris sur l'abîme et l'a poussé vers Dieu :
Il n'a pas eu le temps de vous crier adieu !

Italie ! Italie ! égarante sirène !
De ton grand peuple esclave insoucieuse reine !
Ce n'est pas dans ton sein qu'une âme peut guérir ;
Tes parfums rendent fou, tes dédains font mourir !
Toi qui ne dois qu'à Dieu ton ardent diadème,
Les pieds aux fers, tu dors dans l'orgueil de toi-même;

Sous tes yeux à demi fermés d'un lourd sommeil,
Nous formons (tu l'as dit) une ombre à ton soleil.
Tu n'extrais que pour toi le doux miel de tes phrases,
Tu ne nous aimes pas, tu railles nos extases;
Cruelle! à tes amans tu donnes sans remord,
Après l'enchantement, la démence ou la mort.

LE DIMANCHE DES RAMEAUX.

Jour cher au pèlerin qui demande sa voie;
Dont l'aube, à tout calvaire, allume un peu de joie;
Beau jour! où les enfans, des rameaux dans leurs mains,
Se promènent bénis entre tous les humains,
Affairés et contens de parcourir les rues;
Rapportant au foyer leurs richesses accrues!

Ce jour-là je cherchais aussi le rameau vert,
Pour appuyer mon sort tout penché de l'hiver:

J'avançais, je marchais de tristesse éblouie,
Tantôt sous le soleil et tantôt sous la pluie,
Attirée à l'éclat des cierges allumés,
Qui prêtent tant de grâce à nos rites aimés!

De sonores enfans les stalles étaient pleines,
Qui roulaient dans la nef d'innocentes haleines;
Et Dieu seul entendit une plus humble voix
Qui chantait dans la foule et pleurait à la fois :

« Par le vent de l'exil de partout balayée,
Vraiment, je ne sais plus où je suis envoyée :
Oh! les arbres du moins ont du temps pour fleurir,
Pour répandre leurs fruits, pour monter, pour mourir;
Moi, je n'ai pas le temps. Ma tâche est trop pressée :
Dieu! laissez-moi goûter la halte commencée;
Dieu! laissez-moi m'asseoir à l'ombre du chemin;
Mes enfans à mes pieds et mon front dans ma main,
Je ne peux plus marcher. Je viens.... j'ai vu... je tombe.
Je n'ai pris qu'une fleur là-haut sur une tombe,

Des chapelets bénis pour ceux que nous aimons,
Et j'ai blessé mes pieds aux cailloux des grands monts.

Dieu ! si je suis l'oiseau rasant la terre et l'onde,
Laissez-moi de mon fils presser la tête blonde ;
Mon fils ! grandi sans moi qui l'ai fait tout amour,
Sans moi, qui lui donnai tant d'âme avec le jour !
Dieu des faibles, mon Dieu ! si je suis votre fille,
Relevez mon passé dans ma jeune famille :
A mes tendres terreurs ne donnez pas raison ;
Laissez-nous dans un port contempler l'horizon ;
Dans ma précoce nuit allumez une aurore ;
Défendez aux chemins de m'emmener encore ;
Marquez de votre doigt une place pour nous,
Et ralliez le père aux enfans à genoux ! »

L'orgue se tut : l'église éteignit sa lumière ;
Ma pensée en mon sein retomba prisonnière :
Mais je ne sais quel charme en coulant à mon cœur,
L'inonda de l'espoir qui brûlait dans le chœur.

Un vieillard me donna, tout ruisselant d'eau sainte,
L'un des mille rameaux dont verdoyait l'enceinte,
Et riche de ce buis qui riait dans ma main,
Du monde et de l'hiver je repris le chemin.

On eût dit qu'avec moi cheminait une amie,
La foi ! toute éveillée et toute raffermie !
Pendant que ses lueurs sillonnaient ma raison,
J'entendis devant moi s'ouvrir une maison ;
Puis le maître apparut qui, me voyant plus pâle,
Et de mon front plus triste interrogeant le hâle,
Me demanda mon sort et s'il ne pouvait pas,
Comme en des temps meilleurs, guider encor mes pas ;
Si je partais toujours ; si la belle patrie
Ne m'aimait pas enfin de l'avoir tant chérie !
Si l'Ange du voyage avait quitté mon seuil,
Et si pour moi la vie avait un doux accueil. »

Émue à cette voix qui plaint et qui protège,
J'écoutais ce pouvoir sans faste et sans cortège :

Mais la foule survint; la foule me fait peur;
Elle cherchait sa gloire, et j'écoutais son cœur.
Cédant au flot croissant la grille entre-fermée,
J'ai consacré d'un vœu cette demeure aimée;
Et par-dessus les murs où rentrait l'amitié,
De mon rameau béni j'ai jeté la moitié.

* * *

Jeune homme irrité sur un banc d'école,
Dont le cœur encor n'a chaud qu'au soleil,
Vous refusez donc l'encre et la parole
A celles qui font le foyer vermeil?
Savant, mais aigri par vos lassitudes,
Un peu furieux de nos chants d'oiseaux,

Vous nous couronnez de railleurs roseaux!
Vous serez plus jeune après vos études :
>> Quand vous sourirez,
>> Vous nous comprendrez.

Vous portez si haut la férule altière,
Qu'un géant plîrait sous son docte poids.
Vous faites baisser notre humble paupière,
Et nous flagellez à briser nos doigts.
Où prenez-vous donc de si dures armes?
Qu'ils étaient méchans vos maîtres latins !
Mais l'amour viendra : roi de vos destins,
Il vous changera par beaucoup de larmes :
>> Quand vous pleurerez,
>> Vous nous comprendrez !

Ce beau rêve à deux, vous voudrez l'écrire :
On est éloquent dès qu'on aime bien :
Mais si vous aimez qui ne sait pas lire,
L'amante à l'amant ne répondra rien.

Laissez donc grandir quelque jèune flamme,
Allumant pour vous ses vagues rayons;
Laissez-lui toucher plumes et crayons;
L'esprit, vous verrez, fait du jour à l'âme:
>Quand vous aimerez,
>Vous nous comprendrez!

A UNE BELLE MARIE.

L'Ange nu du berceau qui l'appela Marie,
Dit : « Tu vivras d'amère et divine douleur ;
Puis tu nous reviendras toute pure et guérie,
Si la grâce à genoux désarme le malheur.

Tu n'entendras long-temps que mes ailes craintives
S'ébruiter sur ton sort où j'écris : Aime et crois !
La terre aura pour toi des musiques plaintives,
Et pour ton front rêveur l'oreiller de la croix.

Tu traverseras seule un brûlant purgatoire;
Tes blonds cheveux souvent ruisselleront de pleurs :
Mais sous les longs rideaux du fervent oratoire,
Pour te garder à Dieu j'aviverai des fleurs.

Va : rien n'étonnera ta jeune âme royale,
Tant tu te souviendras de ta maison des cieux;
Et, comme Alice, au seuil de l'ogive infernale,
Le bandeau des enfans s'étendra sur tes yeux.

Je ne m'éloigne pas : je me tiens à distance,
Épiant, ô ma sœur! tes pieds blancs et mortels,
Quand tu m'appelleras de ta plus vive instance,
Je t'aiderai, Marie, au retour des autels. »

LES POISSONS D'OR.

A M. Alibert, médecin.

Que font les poissons d'or sous la prison de verre,
Asile transparent rafraîchi de fougère :
Nagent-ils au soleil dans ce frêle vaisseau
Où vous leur répandez un éternel ruisseau ?

Pour respirer la fleur que vous avez cueillie,
Dès que vous y penchez votre ombre recueillie,
Ces mobiles esprits du fluide élément
Remontent-ils joyeux au bord du lac dormant ?

Égayez-vous leur temps d'exil sous la rivière,
En garnissant d'oiseaux la fragile barrière
Où vous allez suspendre et baigner vos ennuis,
Pour rafraîchir vos jours, rêveurs comme vos nuits?

Parfois l'aigle sur l'onde attache sa paupière,
Et s'inonde à plaisir d'une calme lumière :
Ainsi, près du miroir inspirateur de l'eau,
Le génie, aigle ardent, sort libre du cerveau.

Comme dans l'Orient, au fond de votre chambre,
Où ne gèle jamais l'haleine de décembre,
Voit-on ce filet d'eau circuler nuit et jour,
Pour faire aux poissons d'or un tiède et clair séjour?

Oh! que ne puis-je atteindre à ces molles demeures
Pour glisser alentour de vos limpides heures,
Que n'altéra jamais la haine au poulx fiévreux;
Vos heures! dons du ciel voués aux malheureux.

Vos heures, d'où coula comme un divin breuvage
La guérison des sens par la raison du sage;
Vos heures, que longtemps puissions-nous voir encor
Briller sous le soleil comme les poissons d'or!

MADEMOISELLE MARS.

Quoi ! les Dieux s'en vont-ils, Madame ? et notre France
Verra-t-elle ce soir tomber sans espérance
Sur sa plus belle idole un éternel rideau,
Comme un voile jaloux sur un divin flambeau ?

Muse chaste ! au milieu de la foule idolâtre,
Qui dès l'aube, en silence, erre au pied du théâtre,
Vous voilà toute libre, ô Mars ! et vous parlez ;
Et votre voix vibrante, au fond des cœurs troublés,

Porte l'enchantement, l'attente, la mémoire,
Et tout, pour vous répondre, a crié : Gloire ! gloire !
En vain — votre sourire, aux anges dévolu,
Vient de dire à la foule : Adieu ! je l'ai voulu.

Mais, voyez : cent beautés, plus belles de leurs larmes,
Ont détaché leurs fleurs pour arrêter vos charmes ;
Comme dans la prière, inclinant leur beau corps,
Leurs mains ont frappé l'air d'indicibles transports ;
Et tout ce que l'Europe enferme d'harmonie
Prête à ce dernier soir sa noblesse infinie !
Tout pour vous enchaîner vous jette de l'amour,
Et vous avez reçu la Reine en votre cour ;
La Reine ! et sa bonté qui la fait mieux que reine,
Assistant au départ d'une autre souveraine,
Mêlant royalement à son adieu de fleurs
Les diamans mouillés de quelques tendres pleurs.
Et pas un cœur de femme en ce moment suprême
Qui ne dise : Mon Dieu ! qu'elle est heureuse ! on l'aime !
Oui ! jusques à la haine, éblouie un moment,
N'a trouvé nul courage à son âpre tourment.

Tous, saluant de loin votre front qui rayonne,
Ont fait voler sur vous couronne sur couronne :
En avez-vous assez, Madame! et verrons-nous
Devant plus de génie un grand peuple à genoux?

Demain, de tant d'amour doucement apaisée,
Rêveuse, et sur vous-même un instant reposée,
Vous pourrez, rendant grâce au Dieu qui vous forma,
Vous écrier aussi : Vivre est doux! on m'aima!
Nous seuls avons l'effroi de votre solitude;
Vous en avez d'avance enchanté l'habitude :
Beaucoup d'infortunés, que vous ne nommez pas,
Savent à quels réduits vous élevez vos pas.
De ce charme voilé Dieu seul sait le mystère;
Vous n'en avez rien dit aux riches de la terre :
C'est *l'à parte divin!* L'Église le saura,
Et du péché de plaire un jour vous absoudra.

Oui, tout ce que Dieu fit à la grâce accessible,
A l'amour incliné vous l'avez fait sensible.

Vive comme l'oiseau, jeune comme l'enfant,
Vous portez à la lèvre un rire triomphant :

>On sent que le cœur bat vite
>Sous ce corsage enchanteur ;
>On sent que le Créateur
>Avec amour y palpite !
>Vous feriez pleurer les cieux,
>Quand votre âme souffre et plie ;
>Et votre mélancolie
>Désarmerait l'envieux.

>Une musique enchantée,
>Où vous passez, remplit l'air ;
>Votre œil noir lance l'éclair,
>Comme une flamme agitée :
>Au bruit ailé de vos pas,
>Les âmes deviennent folles ;
>Et vos mains ont des paroles
>Pour ceux qui n'entendent pas !

C'est qu'à votre naissance où dansèrent les fées,
Ces donneuses de *charme*, à cette heure étouffées,

Chacune, d'un baiser, pénétra vos yeux clos,
Et mena le baptême au doux bruit des grelots.
Elles avaient rompu leur ban et maint obstacle,
Pour s'unir de puissance en un dernier miracle :
Sur l'enfant demi-nu leur essaim palpita,
Et dans votre âme ouverte, une d'elles chanta,

>Ce chant que la terre
>N'entend qu'une fois,
>Ce brûlant mystère,
>De brûlantes voix;
>Ce philtre suprême
>Que rêve l'amant,
>Qui fit vos cris même
>Tous trempés d'aimant !

C'est de là que vous vient le flot pur d'harmonie,
Organe transparent du cœur et du génie;
C'est de là, dans vos pleurs, que des perles roulaient,
Et dans vos yeux profonds que des âmes parlaient !

Vos marraines fuyaient, que vous dormiez encore
Au tumulte charmant de leur départ sonore;

Et vous aviez rêvé, pour ne pas l'oublier,
Qu'aux arts un doux sabat venait de vous lier.

Mais votre ange gardien, vous couvant sous son aile,
Effrayé de ces dons pour votre âme éternelle,
Voilant votre front blanc, dans sa craintive ardeur,
L'imbiba pour toujours de divine pudeur;
Et toujours, à travers l'impérissable voile,
Tout soir, à notre ciel, allumait votre étoile.
Qu'importe sous quel nom elle allait se montrer?
Vous étiez la lumière, il fallait l'adorer!

Mais quoi! les dieux s'en vont, Madame, et notre France,
Pour la première fois a vu sans espérance
Se refermer le temple où l'astre se voila,
Où tout dira longtemps : « Silence, elle était là! »

LOUISE DE LA VALLIÈRE.

Quittant sa Mère.

FRAGMENT DE BULWER.

Votre dernier bonsoir, ma mère !

SA MÈRE.

Tu chancelles,
Et je vois sous ton front les pleurs que tu me cèles.
Pourtant le monde s'ouvre indulgent devant toi,
Ma fille ! Une humble reine, unie au plus grand roi,

T'appelle dans sa cour où, disent les poètes,
La gloire a surpassé, par ses pompeuses fêtes,
Tout ce que l'Orient dit à l'histoire.

LOUISE.

Hélas!

SA MÈRE.

Une cour!... une cour!...

LOUISE.

Où vous ne serez pas,
Ma mère! Ni ces murs où j'entendais vos pas;
Ces murs, vieux raconteurs de mes jeunes années,
Qui recouvraient en paix deux humbles destinées.
Ni les champs, ni les bois, où je voyais le jour
Descendre et se lever, doux comme votre amour.
Écoutez, c'est l'*Ave Maria*... que je l'aime!
Oh! puissé-je partout redescendre en moi-même,
A cette heure du ciel, et retrouver mon cœur
Aussi plein de ma mère et de mon Créateur!

L'Éden d'un pauvre enfant, c'est le berceau.

SA MÈRE.

Louise !
L'Éden, c'est la vertu; c'est ton âme, promise
Au désert de mes ans. En traversant les cours,
Dieu sur ton aile blanche étendra son secours.
Enfant ! si le respect tient lieu d'expérience,
Ta mère, n'est-ce pas, sera ta conscience ?

LOUISE.

Oui, je vous dirai tout, et vous me répondrez
Chaque soir une ligne, où vous me bénirez ;
Et vous irez pour moi dans ces pauvres chaumières,
D'où nous voyons là-bas scintiller les lumières :
De l'hiver qui s'approche il faut les consoler,
Et nourrir mes oiseaux, trop faibles pour voler.

SA MÈRE.

Tu ne me parles pas d'un jeune aigle, ma fille,
Dès le berceau promis pour chef à ma famille.

Si j'apprends qu'à la guerre il ne pense qu'à toi,
Ne t'en dirai-je rien?

LOUISE.

Il aime tant le roi !

SA MÈRE.

Et nous sommes déjà si fières de sa gloire,
Que ses droits sont écrits dans ta jeune mémoire.

LOUISE.

Il aime tant le roi !

SA MÈRE.

C'est qu'il l'a déjà vu.

LOUISE.

Et moi, je vais le voir ! Toujours je l'ai prévu,
Oui, c'est un bien grand roi !

SA MÈRE.

Le plus grand de la terre.
Splendide dans la paix...

LOUISE.

Incroyable mystère !
Tous mes rêves d'enfant ont été pleins de lui,
Ma mère, et de le voir je n'ai peur qu'aujourd'hui.
J'ai toujours deviné ses yeux et son sourire,
Son front, où la nature avait écrit : Empire !
Oui, j'ai toujours rêvé que le roi me parlait,
Et que sa grande voix de bien loin m'appelait :
N'est-ce pas étonnant, ma mère !...

. . . .
. . . .

LOUISE DE LA VALLIÈRE

A genoux.

Comme ils s'aiment là-bas! Mon père, qu'elle est belle!
Pardon... rendez à Dieu ce cœur lâche et rebelle :
Dieu seul peut me guérir de cet immense amour
Qui fut pour moi le monde, et la vie, et le jour;
Dieu seul peut me cacher ces fronts pleins de lumières
Qui viennent m'éblouir jusque dans mes prières ;
Oui, jusqu'aux pieds du Christ imploré tant de fois,
Jusque dans vos regards, mon père, je les vois.

Un cloître, s'il vous plaît, sur ces ombres heureuses !
Un cloître n'aura pas des nuits plus ténébreuses,
Plus tristes que les nuits où j'ai tant, tant souffert !
Venez, je n'ai plus peur, j'ai passé par l'enfer.

SON FIANCÉ, *qu'elle ne reconnaît pas sous l'habit religieux.*

Dieu ! pesez de nos maux l'étrange ressemblance ;
Alors, vers le plus faible inclinez la balance :
L'homme qu'elle a brisé la plaint et la défend ;
Elle, c'est une femme avec un cœur d'enfant !

. . . .
. . . .

RAHEL LA CRÉOLE.

Sois fière, ô Rahel ! sois bien jeune fille !
Porte haut ton front où la pudeur brille.
Ta voile est sans tache en sortant du port ;
Ton nom est beauté : quel doux passeport !

Ne va pas, Rahel, le perdre avant l'âge,
C'est le sceau du ciel mis sur ton visage ;
La grâce grandit d'un peu de fierté :
Sagesse, ô Rahel, veut dire beauté !

Laisse-toi louer par la renommée ;
Ne suis que de loin sa chaste fumée.
Un ange est toujours auprès d'une fleur :
Tourne-toi vers l'ange, et vis dans ton cœur.

Ces beaux courtisans qui suivent ta trace,
S'ils voyaient ton front pâlir dans sa grâce,
Le sais-tu, Rahel? de tout le troupeau,
Pas un ne mettrait la main au chapeau.

UN ARC DE TRIOMPHE.

Tout ce qu'ont dit les hirondelles
Sur ce colossal monument,
C'est que c'était à cause d'elles
Qu'on élevait le bâtiment.

Leur nid s'y pose si tranquille,
Si près des grands chemins du jour,
Qu'elles ont pris ce champ d'asile
Pour causer d'affaire, ou d'amour.

En hâte, à la géante porte,
Parmi tous ces morts triomphans,
Sans façon l'hirondelle apporte
Un grain de chanvre à ses enfans.

Dans le casque de la Victoire.
L'une, heureuse, a couvé ses œufs,
Qui, tout ignorans de l'histoire,
Éclosent, fiers comme chez eux.

Voulez-vous lire au fond des gloires,
Dont le marbre est tout recouvert :
Mille doux cris à têtes noires
Sortent du grand livre entr'ouvert.

La plus mince qui rentre en France,
Dit aux oiseaux de l'étranger :
« Venez voir notre nid immense ;
Nous avons de quoi vous loger. »

Car dans leurs plaines de nuages
Les canons ne s'entendent pas
Plus que si les hommes bien sages,
Riaient et s'entr'aimaient en bas.

La guerre est un cri de cigale
Pour l'oiseau qui monte chez Dieu ;
Et le héros que rien n'égale
N'est vu qu'à peine en si haut lieu.

Voilà pourquoi les hirondelles,
A l'aise dans ce bâtiment,
Disent que c'est à cause d'elles,
Que Dieu fit faire un monument.

L'ENFANT AMATEUR D'OISEAU.

Écoute, oiseau! je t'aime et je voudrais te prendre,
Pour ton bien! Seul au toît, comment peux-tu chanter?
Moi, quand je suis tout seul, je m'en vais : s'arrêter
C'est attendre ou dormir; et courir, c'est apprendre;
Viens courir! je t'invite à mon jardin très grand;
Plus grand que cette plaine et qui sent bon les roses :
Mon père y va chanter ses rimes et ses proses;
Ma mère y tend son linge et le lave au courant;

Moi j'y vis en tous sens, comme l'oiseau qui vole ;

Je monte aux murs en fleurs, aux fruits plantés pour moi :

Viens ! je partagerai les plus beaux avec toi ;

Viens ! nous partagerons tout, excepté l'école.

Depuis que je t'ai vu pour la première fois,

Je ne fais que chanter pour imiter ta voix.

Oh ! les hommes devraient chanter au lieu d'écrire !

L'encre et les lourds papiers les empêchent de rire.

Oiseau ! tu chanterais pour moi si tu m'aimais :

Mais, tu t'en vas toujours, et tu ne viens jamais !

Viens : sois reconnaissant. Je tiendrai ta fontaine

De verre toujours fraîche et, sois sûr, toujours pleine.

L'école, c'est ma mort : jamais tu n'y viendras.

Je serais bien fâché d'y faire aller personne !

Je n'ai jamais sommeil que quand l'école sonne.

Toi, sans penser à rien, libre, tu m'attendras

Dans ta cage : elle est neuve et solide et cachée

Sous la vigne flottante autour de ma maison ;

Tu verras le soleil descendre à l'horizon

Et tu diras le jour à ma mère couchée.

Tu n'as vu nulle part de nid mieux fait, plus vert;
Plus frais quand on a chaud; plus chaud quand c'est l'hiver.
Tout s'y trouve : on y peut loger un grand ménage
D'oiseau. C'est un palais !

L'OISEAU.

Oui, mais c'est une cage :
Et pour mes goûts d'oiseau, mon garçon, j'aime mieux
Les cieux !

CAMÉLÉON.

Nourri comme un enfant par sa mère idolâtre,
Un jeune chat, bien blanc, bien onglé, bien folâtre,
Bien chat! bien héritier de sa chatte maison,
Égratignant toujours avait toujours raison.
Hôte souple et rampant des royales demeures,
A se délicater passant d'oisives heures,
Il n'en mettait pas une au profit du devoir;
Point d'étude au matin, point de prière au soir;

Tout coulait en sommeil, en festins, en gambade ;
Venait-il un voleur, il faisait le malade ;
Son miaulement plaintif lui valait un baiser :
A ces tigres charmants que peut-on refuser ?

Un jour de la saison molle et tiède et fleurie,
Voulant ronger l'hysope autour de la prairie,
Le fainéant bondit, s'excite à prendre l'air,
Car le sable au jardin brille sous un ciel clair.
Et l'hiver tire au large, et le moelleux Joconde,
Qui dévide sa queue et sa danse et sa ronde,
Voit un caméléon se chauffant au soleil,
Dans les plis d'un vieux saule à son manteau pareil.

« Eh ! vous voilà, miroir vivant du parasite,
Vous, dont j'ai vu l'esprit où j'ai fixé mon gîte !
Diaphane symbole ! âme errante des cours,
Avec des paysans, quoi ! vous passez vos jours !
C'est un meurtre. Chez nous je vais vous faire inscrire :
La fortune m'y gâte et vous doit un sourire ;

Prenez mon bras. Ce pré nourrit mal vos talents,
Je vous trouve un peu maigre. A nos mets succulents
Venez vous arrondir »

« Ah ! dit le sycophante,
Ma voix plus que la tienne y monta triomphante.
Où l'on flatte, où l'on dîne, où l'or coule en ruisseaux,
On l'y nourrit longtemps de délicats morceaux !
Comme toi, courtisan à l'épaule penchée,
Touchant au fond des cœurs une corde cachée,
Vices de cour étaient poétisés par moi :
Les princes m'embrassaient. J'ai fait sourire un roi !
Magnétisant l'oreille à mes douces paroles,
Spéculant avec art sur les passions folles,
Je visais droit et juste en chatouillant l'orgueil.
Tu ris, mon camarade ! ah ! tu connais l'écueil :
Évite-le. Jaloux de mes brillantes ruses,
Un soir, sans écouter mes sonores excuses,
Le sort trancha le fil argenté de mes jours,
Et me reprenant tout, me fait flatter toujours !

Ame vide et bornée à garder sa nature,
Me voilà dans la poudre ; abjecte créature,
Traînant avec ennui mes heures sans éclat,
Réduit à refléter un gazon sec et plat !
Moi ! l'habitant doré de vos salons antiques,
Ramper honteusement dans les scènes rustiques !
Et ne pouvant louer des yeux ni de la voix,
M'efforcer, n'étant rien, d'être ce que je vois !
Me teindre des couleurs du peu qui me regarde !
Et je l'imite en vain !... Ce peu n'y prend pas garde,
Car le faiseur de tout, qui peut dire pourquoi ?
Irrité des honneurs qu'on inventait pour moi,
Peu touché de l'esprit ne regarde qu'à l'âme,
Et si le feu n'est pur, souffle à froid sur la flamme.
Ah ! si j'avais du sang dans les veines, souvent,
J'en ferais des pamphlets : mais je n'ai que du vent !

Heureux chat ! que ton sort diffère de ma vie !
Tandis que seul, piqué de faim, de soif, d'envie,
Rêve, j'avale un rêve, heureux flatteur, tu bois !
Tu manges sans payer à la table des rois !

Et l'air le plus ténu forme ma nourriture,
Fruit creux et décevant que l'avare nature,
Tira de mes discours que l'on trouvait si beaux;
Ami! que d'éloquence est tombée en lambeaux!

Mais le souffle me manque à lancer ma colère;
Va-t-en : ton embonpoint commence à me déplaire.
Tiède et vivant coussin de quelque pied royal,
Échappé des genoux du sanglant cardinal,
Va-t-en! ta pitié feinte et ta joie effrontée,
Soulève de nouveau ma misère irritée :
Tout visage qui rit n'est qu'un masque moqueur
Et je sens bien du fiel couler où fut mon cœur! »

Le chat dont les yeux d'or flamboyaient sur la robe
Du reptile affamé, s'écarte et se dérobe :
« Il m'empoisonnerait, dit-il avec effroi,
Et je vais me blottir dans les genoux du roi. »

LE MOINEAU FRANC.

« Sacrebleu ! voilà le soleil,
Dit l'oiseau dont la plume pousse,
Il va sécher l'herbe et la mousse,
Et nous faire un monde vermeil :
Il fait tout, ce roi sans pareil.
Sacrebleu, voilà le soleil !

Je voudrais vivre cent mille ans,
S'il avait cent mille ans à vivre.
Pour le regarder et le suivre,
Suspendu sur les blés brûlans,
Quand même il pleuvrait des milans,
Je voudrais vivre cent mille ans !

Les milans ! qu'ils viennent un peu :
J'en ai peur comme d'une paille ;
Je m'en amuse et je m'en raille,
Les pieds croisés devant mon feu.
Voici le soleil, sacrebleu !
Les milans, qu'ils viennent un peu !

Bonnes gens, que cet astre est beau !
C'est l'écusson du divin Maître :
L'œuf ardent des âmes, peut-être,
Allumant tout comme un flambeau,
Ressuscitant larve et tombeau.
Bonnes gens ! que cet astre est beau !

Hardi les fleurs et les chansons !
Le printemps me monte à la tête :
C'est Dieu qui va payer la fête !
A vos rangs, messieurs les pinsons ;
La table est dressée aux buissons,
Hardi les fleurs et les chansons !

Mon habit vient d'un bon tailleur.
Il est léger pour les montagnes ;
Il plaît aux cités, aux campagnes,
Où le peuple n'est point railleur.
L'homme n'en fait pas de meilleur :
Mon habit vient d'un bon tailleur !

Le monde est assez grand pour moi :
Tout m'appelle au loin, tout m'avive,
Et je vais de mon aile vive,
Égayer la vitre du roi.
Je vole plus haut que la loi :
Le monde est assez grand pour moi !

Je suis rempli d'aise et d'amour,
J'ai cinq aurores et demie !
Il me faut au moins une amie,
Pour peupler un si grand séjour :
Je veux faire un nid à mon tour ;
Je suis rempli d'aise et d'amour ! »

Petit paysan des oiseaux !
Tu dis cela quand on t'écoute
Aux sillons de la grande route,
Ou sur la tête des roseaux,
Dont les femmes font leurs fuseaux,
Petit paysan des oiseaux !

Le cœur le plus triste est charmé,
De ta joie alerte et volante.
La mémoire y coule moins lente ;
Et s'il a jamais rien aimé,
Tout rêveur et tout désarmé,
Le cœur le plus triste est charmé !

LA PAROLE D'UN SOLDAT.

La vieille Rachel, filant à sa porte,
Demande au Seigneur son jeune soleil,
Son dernier enfant que la guerre emporte,
Dont le cri de gloire emplit son sommeil.
Le rêve incessant d'un drapeau qui vole,
Fait casser le lin dans ses doigts tremblans :
« Mon enfant, Seigneur, tient bien sa parole ;
Je sens un laurier sous mes cheveux blancs!. »

Paix ! voici l'écho de la grande-armée,
Proclamant le nom d'un soldat vainqueur ;
Et la blonde enfant, du soldat aimée,
Courant vers Rachel en tenant son cœur :
« Écoutez, Rachel, ce grand bruit qui vole ;
Lisez-le avec moi de vos yeux tremblans :
Que votre Gilbert tient bien sa parole ;
Il met un laurier sur vos cheveux blancs ! »

Au milieu des cris d'un champ de bataille,
Gilbert, ce jour-là, sauvait son drapeau,
Et vainqueur couché sur un peu de paille,
Disait en mourant : « Que mon sort est beau !
Car mon nom, pareil à l'aigle qui vole,
S'abat glorieux sur deux cœurs tremblans.
Ma mère, aimez-moi, j'ai tenu parole :
J'ai mis un laurier sur vos cheveux blancs ! »

LE BAPTÊME D'UN PRINCE

A Notre-Dame.

Mon Dieu, que c'est beau le baptême
  D'un roi futur !
Qu'il soit léger le diadème
  A ce front pur !
Et vous, dormez, ma plus jeune âme,
  Seule avec moi ;

Au doux cantique d'une femme
    Puisez la foi.
L'*Angelus* sonne à Notre-Dame ;
Dormez en roi, mon petit roi !

Je suis votre nourrice blanche,
    Riche de lait ;
Ma prière limpide et franche,
    Coule et vous plaît.
Ainsi, rêvez, ma plus jeune âme,
    Libre avec moi ;
Au doux cantique d'une femme,
    Puisez la foi.
Un roi s'éveille à Notre-Dame :
Dormez en roi, mon petit roi !

Je suis l'ombre aimante attachée
    A votre jour ;
La dernière étoile couchée
    Dans votre amour.

Bercez-vous donc, ma plus jeune âme,
Seule avec moi,
Au doux cantique d'une femme,
Puisez la foi.
Un roi se fait à Notre-Dame :
Dormez en roi, mon petit roi !

Je suis la tendresse visible
Du Créateur,
Élevant un ange paisible
A son Auteur.
Et vous êtes, ma plus jeune âme,
Libre avec moi ;
Au doux cantique d'une femme,
Puisant la foi.
Un roi s'inscrit à Notre-Dame :
Dormez en roi, mon petit roi !

TOI!

De Thomas Moore.

Du frais matin la riante lumière,
L'ardent midi, l'adieu touchant du jour,
La nuit qui vient plus douce à ma paupière,
Pâle et sans bruit rêver avec l'amour,
Le temps jaloux qui trompe et qui dévore,
L'oiseau captif qui languit près de moi,

Tout ce qui passe, et qu'à peine je vois,
Me trouve seul... seul! mais vivant encore
      De toi!

Des arts aimés, quand l'essaim m'environne,
L'ennui secret les corrompt et m'atteint.
En vain pour moi la fête se couronne :
La fête pleure et le rire s'éteint.
L'unique asile où tu me sois restée,
Le sanctuaire où partout je te vois,
Ah! c'est mon âme en secret visitée
      Par toi!

La gloire un jour a distrait mon jeune âge ;
En te cherchant j'ai perdu son chemin.
Comme à l'aimant je vais à ton image :
L'ombre est si belle où m'attire ta main!
Ainsi qu'aux flots les barques se balancent
Mes ans légers ont glissé loin de moi ;
Mais à présent dans tout ce que je vois,
Mes yeux, mon cœur, mes vœux, mes pas s'élancent
      Vers toi!

Je dis ton nom dans ma gaîté rendue ;
Je dis ton nom quand je rapprends les pleurs ;
Dans le désert la colombe perdue
Ne sait qu'un chant pour bercer ses douleurs.
Égide chère à ma vie embrasée,
Le monde en vain jette ses maux sur moi ;
Mon âme un jour sera calme ou brisée
   Par toi !

LA FÊTE

de Thomas Moore.

Pourquoi demander l'heure? Eh! qu'importe comment
Le temps a secoué ses ailes sur nos têtes?
Va, les minutes d'or qui brillent dans ces fêtes
Sont les trésors d'un Dieu plus jeune et plus charmant.
C'est un enfant qui rit, c'est le plaisir prodigue

D'instans. Si le calcul fixait ce don rapide,
Qui n'en ménagerait chaque parcelle? Hélas!
Le plaisir glisse et meurt : on ne sent point ses pas.

    Comme les baisers d'une femme,
    Ils sont trop vifs pour les compter,
    Trop légers pour les arrêter;
    Et l'on n'enchaîne pas la flamme!

Ainsi, remplis la coupe. Eh! qu'importe comment
Le temps roule son cercle et détruit nos journées?
Va, les minutes d'or, qui valent tant d'années,
Sont les trésors d'un Dieu plus jeune et plus charmant!

AUX TROIS AIMÉS.

De vous gronder je n'ai plus le courage,
Enfans! ma voix s'enferme trop souvent.
Vous grandissez, impatiens d'orage;
Votre aile s'ouvre, émue au moindre vent.
Affermissez votre raison qui chante;
Veillez sur vous comme a fait mon amour;
On peut gronder sans être bien méchante :
Embrassez-moi, grondez à votre tour,

Vous n'êtes plus la sauvage couvée,
Assaillant l'air d'un tumulte innocent ;
Tribu sans art, au désert préservée,
Bornant vos vœux à mon zèle incessant :
L'esprit vous gagne, ô ma rêveuse école,
Quand il fermente, il étourdit l'amour.
Vous adorez le droit de la parole :
Anges, parlez, grondez à votre tour.

Je vous fis trois pour former une digue
Contre les flots qui vont vous assaillir :
L'un vigilant, l'un rêveur, l'un prodigue,
Croissez unis pour ne jamais faillir,
Mes trois échos ! l'un à l'autre, à l'oreille,
Redites-vous les cris de mon amour ;
Si l'un s'endort, que l'autre le réveille ;
Embrassez-le, grondez à votre tour !

Je demandais trop à vos jeunes âmes ;
Tant de soleil éblouit le printemps !

Les fleurs, les fruits, l'ombre mêlée aux flammes,
La raison mûre et les joyeux instans,
Je voulais tout, impatiente mère,
Le ciel en bas, rêve de tout amour ;
Et tout amour couve une larme amère :
Punissez-moi, grondez à votre tour.

Toi, sur qui Dieu jeta le droit d'aînesse,
Dis aux petits que les étés sont courts ;
Sous le manteau flottant de la jeunesse,
D'une lisière enferme le secours !
Parlez de moi, surtout dans la souffrance ;
Où que je sois, évoquez mon amour :
Je reviendrai vous parler d'espérance ;
Mais gronder... non : grondez à votre tour !

FÊTE D'UNE VILLE DE FLANDRE

Pour Philippe-le-Bon.

C'est demain qu'une ville aimée,
Aimante et joyeuse, et charmée,
Tout en fête s'éveillera ;
C'est demain que fifres et danse,
Parcourant le sol en cadence,
Riront au peuple, qui rira !

De fleurs et de chants couronnée,
Levez-vous donc, belle journée,
Pour bénir mon premier séjour :
Que dans vos heures sans alarme,
Il ne tombe pas une larme
Sur la Flandre, ma sainte amour !

Que nul serpent n'y souille l'herbe ;
Que l'humble épi s'y lève en gerbe ;
Comme on le voyait au vieux temps ;
Que les chaînes en soient bannies,
Que les mères y soient bénies ;
Que les pauvres y soient contens !

Répondez, cloches bondissantes,
Aux fanfares retentissantes,
Chantant gloire et patrie en chœur :
Promenez vos belles volées,
Et de vos hymnes redoublées,
De ma Flandre égayez le cœur !

PRIÈRES.

Ainsi que les ondes accrues ;
Enfans qui remplissez les rues,
N'est-ce pas que c'est doux à voir ?
Ouvrez vos yeux et vos oreilles,
Du jour contemplez les merveilles,
Pour nous les raconter le soir.

Entrez, hameau, bourg et village :
Par ces grands tableaux du vieil âge,
Vous le voyez, ô bonnes gens,
Si notre Philippe est encore
Couronné d'un nom qu'on adore,
C'est qu'il aimait les indigens !

Mais d'où vient que mon âme pleure
Sur le clocher où chante l'heure,
Et sonne aux autres un beau jour ?
Non, dans ses fêtes sans alarme,
Qu'il ne tombe pas une larme
Sur la Flandre, ma sainte amour !

Mon père a chanté dans l'espace ;
Où son ombre a passé, je passe,
Comme lui priant et chantant :
L'orgue ainsi lève sa prière,
Attendrissant la nef entière ;
L'orgue est triste ; il chante pourtant !

L'ENFANT BÉNI.

A Marie B...

Puisque la Vierge vous défend,
Je vais là-bas, mon doux enfant,
Vous chercher des choses jolies,
Des fuseaux, des perles polies,
Qu'on donne aux anges d'ici-bas :
Vous en aurez ; ne criez pas.

Laissez couver le feu qui dort;
Jouez loin de ses rayons d'or :
Il consumerait vos dentelles
Et vous, nos espérances belles !
Le feu ne doit pas se toucher :
Il ne vient que trop nous chercher.

En prière il faut vous tenir,
Pour m'entendre au loin revenir.
Gardez-vous d'ouvrir à personne,
Aussi fort que la cloche sonne ;
Quand même ce serait le roi,
N'ouvrez qu'à Dieu, n'ouvrez qu'à moi !

Enfant, puisque Dieu vous bénit,
Et verse du blé sur le nid,
A présent tout rit sur la terre ;
Car, dans un doux coin solitaire,
Un fruit mûr, un peu de froment,
Font tourner la terre gaîment !

La Vierge aime à suivre des yeux,

L'âme qu'elle a nourrie aux cieux ;

Et quand votre mère est sortie,

Près de l'Enfant-Jésus blottie,

Vous n'avez qu'à bien écouter :

Votre âme l'entendra chanter !

L'ENFANT ABANDONNÉ.

Ah! mon père! mon père! où retrouver mon père?
Cette chambre, où j'ai peur, serait pleine avec lui;
Son enfant, qu'on effraie aurait un doux appui;
Il dirait; taisez-vous, à qui me désespère:
Ah! mon père! mon père! où retrouver mon père?
Dieu dit toujours, un jour! et jamais aujourd'hui!

Un enfant ne sait pas comme la vie est grande,
Et longue! et froide! et sourde à ses cris superflus;
Quelle terreur attend ses pas irrésolus;
Ce qu'il donne d'amour avant qu'on le lui rende!
Un enfant ne sait pas comme la vie est grande :
Si mon père vivait, je ne le saurais plus!

Vous ne laisseriez pas votre enfant dans la foule,
Vos bras m'enfermeraient : vos bras étaient si doux!
Et le sommeil aussi; car on dort avec vous,
Mon père! et sans sommeil toute ma nuit s'écoule :
Vous ne laisseriez pas votre enfant dans la foule,
Ni longtemps, ni tout seul, votre enfant à genoux!

Sous mon pauvre oreiller j'ai caché vos prières;
Ce livre vous parlait : je l'ouvre quand j'ai peur;
Vos mains l'ont tant tenu qu'il est chaud sur mon cœur;
C'est comme une aile d'ange entre eux et mes paupières :
Sous mon pauvre oreiller j'ai caché vos prières,
Et je les apprendrai pour plaire au Créateur!

AU REVOIR.

A ma fille.

Sous tes longs cheveux d'or, quand tu cours sur la grève
Au vent,
Si quelque prompt ramier touche ton front qui rêve
Souvent,
De cette aile d'oiseau, ne prends pas, ô ma fille!
D'effroi :
Pour baiser son enfant, c'est une âme qui brille :
C'est moi!

Parmi d'autres enfans qui te font toute heureuse,
Le soir,
Quand tu vas au jardin, lasse d'être rieuse,
T'asseoir;
Si tu t'inquiétais comment je passe l'heure,
Sans toi,
Penche un peu ton oreille à cet oiseau qui pleure:
C'est moi!

LE ROSSIGNOL ET LA RECLUSE.

L'air manque à ma voix solitaire,
Je m'incline sous mon réseau;
Il faut des ailes à l'oiseau
Pour le consoler de la terre!

Le rossignol, dans l'arbre en fleurs,
Me fait rêveuse et non savante;
Mais cette musique vivante
Arrête quelquefois mes pleurs!

Lui seul m'avait dit : C'est l'aurore :
Éveille-toi; le monde est beau!
Lui seul, dans ma nuit sans flambeau,
Dit : Pauvre enfant! dormez encore!

Non, rossignol, je ne dors pas,
Car vos chants sont dans mon oreille;
Et si l'on croit que je sommeille,
C'est que je vous réponds tout bas :

Allez dire à ma douce mère
Qu'elle me reprenne aujourd'hui,
Sous peine de tristesse amère :
Sinon, Dieu prendra tout pour lui!

LE LIVRE DE PRIÈRE.

— **A Jean Paul**. —

Hélas ! qu'il fut froid, mon mois d'août !
C'est pourtant le mois où l'on aime.
Adieu donc, fleurs, moisson, et tout !
L'existence n'a plus de goût ;
Car, adieu ton souffle suprême,
Amour ! plus aimé que moi-même !

J'ai risqué mon cœur ici-bas
Au jeu fatal de l'espérance :
J'ai perdu mon cœur et mes pas ;
L'espérance ne m'aime pas !
C'est là ta dernière souffrance,
Bel amour, mort d'indifférence !

J'étais indigne, on me l'a dit,
D'entrevoir un peu de lumière :
Mon Dieu ! si le pauvre est maudit,
Aux anges qui nous font crédit,
Mon âme s'en va la première
Chercher un livre de prière !

LE SALUT AUX MORTS.

J'aurai toujours une prière
Pour le petit cercueil passant ;
Une larme pour l'humble bière,
Qui dit : Ton frère est là gisant !
Et si je n'ai croix ni couronne,
Ni fleur, ni plus rien qui se donne,
J'aurai, sous peine d'un remords,
Le salut, doux peut-être au mort !

Mort béni ! la foule oppressive
Ne troublera plus ton sommeil :
Laisse-moi donc suivre pensive,
Ton char qui se traîne au soleil.
Au fond du long rêve immobile,
Peut-être de ma voix débile
Le salut pieux descendra,
Et ta cendre tressaillera !

Peut-être qu'à mon insomnie,
Ton âme suspendue un soir,
De sa pénitence finie,
Viendra respirer et s'asseoir :
Puis, ouvrant doucement la porte,
Du séjour où Dieu la remporte,
Elle me dira : Ne crains rien :
Les cieux sont grands; les morts sont bien !

J'ai déjà tant d'âmes aimées
Sous ce lugubre vêtement !

Tant de guirlandes parfumées
Qui pendent au froid monument !
Par le souffle mortel atteintes,
Tant de jeunes bouches éteintes,
D'où mon nom sortait plein d'amour,
Et qui m'appelleront un jour !

UNE AME.

— De Jean Paul. —

D'une pauvre âme en cheveux blancs,
Qui s'épure ensemble et s'altère,
Pourquoi venez-vous, ô mon frère !
Épier les rayons tremblans
D'une pauvre âme en cheveux blancs ?

Tant de jours ont chassé le jour
Où la vôtre s'en est allée,
Laissant sa jeune sœur voilée

Se dévouer seule à l'amour :
Tant de jours ont chassé ce jour !

N'est-ce pas apprendre bien tôt
Que l'amour n'est pas de la terre?
Un jour, la tendre solitaire
Devina qu'il était plus haut :
N'est-ce pas l'apprendre bien tôt?

Il est plus haut ! vous y viendrez,
Puisqu'enfin vous m'avez cherchée;
Et moi, pour m'être ainsi cachée,
Belle un jour vous me reverrez.
Plus tard, bien tard, vous y viendrez !

Mais fuyez ce sentier de feu,
Couvert d'une si triste cendre ;
Nous ne pouvons plus redescendre;
Le temps vole : attendez un peu !
Mais fuyez ce sentier de feu.

Si l'ange de la charité
S'émeut à ma double prière,
Vous monterez à sa lumière
En quittant ce monde agité :
Tout s'unit dans la charité !

Moi, sans frayeur; vous... toi sans fiel,
Dieu sera dans notre présence,
Comme à ce beau temps d'innocence
Où nos regards étaient le ciel,
Moi, sans frayeur; vous... toi, sans fiel !

A MES ENFANS.

Je ne reproche rien au passé ; je l'oublie.
Je ne demande rien au douteux avenir :
Ma vie est dans vos yeux, et ma mélancolie
S'envole vers le ciel, quand vous allez venir !

LA PREMIÈRE COMMUNION

d'Inès.

Tes yeux noirs, ma fille,
Sont plus doux ce soir,
Que l'encens qui brille
Au saint encensoir !
Tu sembles un ange,
Sous son voile encor,
Qui rêve, et s'arrange
Pour prendre l'essor.

Jeune âme sauvage,
Tremblante en mes bras,
Confie au plus sage
Tes doux embarras :
Dans cette belle heure,
On cause avec Dieu ;
Va, pour ce qui pleure,
Lui parler un peu !

Si l'enfant lui porte
Trois souhaits en fleurs,
Il ouvre sa porte
A ces vœux sans pleurs :
Pour rêver ces choses,
Baisse bien les yeux,
Et laisse tes roses
S'exhaler aux cieux !

Pour l'hymne éphémère
De ta voix d'oiseau,
Demande à sa mère

L'appui d'un roseau ;
Pour tes jeunes ailes
Un vol sans effroi ;
Ton soleil pour elles,
Ton bonheur pour moi !

LES AMITIÉS DE LA JEUNESSE.

Des nœuds dont sa vie est liée,
Soulevant un moment le poids,
Et d'un long orage essuyée,
Mon âme se cherche une voix.

Comme sur le bord de sa cage
L'oiseau contraint de s'arrêter,
Sur ma bouche ainsi qu'au jeune âge,
L'âme est assise et veut chanter,

Mon jeune âge a fait deux amies,
Dont l'une est partie avant moi,
Parfum de mes fleurs endormies :
L'autre fleur vivante, c'est toi !

Celle qui dort, je l'ai rêvée
Son bras enlacé dans le mien,
Tandis que toi, ma retrouvée,
Tu la retenais sous le tien.

Nous allions, comme trois colombes,
Effleurant à peine le blé ;
Et vers le doux sentier des tombes
Le triple essor s'est envolé.

Pour panser un peu nos blessures,
Nous nous abattions dans les fleurs ;
Et ses angéliques censures
Ne s'aigrissaient pas de nos pleurs.

Son ombre, qui battait des ailes,
Charmante, nous disait tout bas :
« Allons voir des choses nouvelles ;
Allons vers Dieu, qui ne meurt pas! »

Elle marchait, pâle et contente,
Sans sourire, mais sans pleurer ;
Son âme, couchée à l'attente,
Avait fini de soupirer.

La foule glissait devant elle,
Comme dans le monde on faisait,
Pour s'assurer qu'elle était belle
Comme le monde le disait.

Des ombres lui criaient : « Madame!
Pour nous répondre arrêtez-vous :
Vous qui prenez âme par âme,
Où vous allez emmenez-nous!

Car nous sommes bien accablées
D'attendre où l'on attend toujours :
Hélas! nous serions moins troublées
D'entrer où finissent les jours! »

Alors ses pitiés envahies
Dans son cœur semblaient se presser,
Devant ces âmes éblouies
Qui se heurtaient pour l'embrasser.

Nous entrâmes dans une église,
Pour nous reposer à genoux ;
La Vierge seule était assise,
Posant son doux regard sur nous.

Aux fenêtres de ses demeures
Les lumières ne tremblaient pas,
Et l'on n'entendait plus les heures
S'entre-détruire comme en bas.

Notre corps ne faisait plus d'ombre
Comme dans ce triste univers,
Et notre âme n'était plus sombre :
Le soleil passait à travers !

Voilà comment je l'ai rêvée,
Son bras enlacé dans le mien ;
Tandis que toi, ma retrouvée,
Tu la retenais sous le tien.

VEILLÉE.

Quand ma lampe est éteinte, et que pas une étoile
Ne scintille en hiver aux vitres des maisons ;
Quand plus rien ne s'allume aux sombres horizons,
Et que la lune marche à travers un long voile,
O Vierge ! ô ma lumière ! en regardant les cieux,
Mon cœur qui croit en vous voit rayonner vos yeux !

Non! tout n'est pas malheur sur la terre flottante :
Agité sans repos par la mer inconstante,
Cet immense vaisseau, prêt à sombrer le soir,
Se relève à l'aurore élancé vers l'espoir.
Chaque âme y trouve un mât pour y poser son aile,
Avant de regagner sa patrie éternelle ;

Et tous les passagers, l'un à l'autre inconnus,
Se regardent, disant : D'où sommes-nous venus ?
Ils ne répondent pas. Pourtant, sous leur paupière,
Tous portent le rayon de divine lumière ;
Et tous ces hauts pensers m'éblouissent... j'ai peur ;
Mais je me dis encor : Non, tout n'est pas malheur !

FILEUSE

C'est l'oiseau qui passe,
Pleurant dans l'espace ;
Et ce chant d'oiseau
Suspend mon fuseau :

« Nous ne voyons pas la colombe
Livrer ses petits au vautour;

Si du nid le plus faible tombe,
Elle se lamente à l'entour;
Jamais vers sa tendre couvée
Elle n'a guidé le chasseur;
Jamais elle ne s'est privée
De ses tourmens pleins de douceur! »

C'est l'oiseau qui passe,
Pleurant dans l'espace;
Et ce chant d'oiseau
Suspend mon fuseau :

« Nous ne voyons pas l'hirondelle
Percer le cœur de son enfant;
Tant qu'elle le tient sous son aile,
Sa mère l'aime et le défend;
Si quelque beau nuage emporte
L'enfant épris d'un autre amour,
Ce n'est que quand la mère est morte,
Qu'elle n'attend plus son retour! »

PRIÈRES.

C'est l'oiseau qui passe,
Pleurant dans l'espace;
Et ce chant d'oiseau
Suspend mon fuseau!

FILEUSE.

Le ciel est haut, la lune est rouge et pleine;
Le tisserand chante à manquer d'haleine;
La terre tourne et travaille tout bas;
Et mon fuseau pourtant ne tourne pas!
      Mon lin se casse,
      Ma main est lasse;
      Sans toi, soleil,
      J'ai tant sommeil!

De mon rouet le bruit me berce l'âme ;
J'ai les yeux gros de regarder la flamme.
Aube, chère aube, à quand votre retour ?
Je filerai quand filera le jour.

   Mon lin se casse,
   Ma main est lasse ;
   Sans toi, soleil,
   J'ai tant sommeil !

Mes yeux fermés suivent un si beau songe !
S'il n'est pas vrai, mon Dieu ! qu'il se prolonge.
O mes fuseaux, tournez si doucement
Que sur ma lampe il s'appuie un moment !

   Mon lin se casse,
   Ma main est lasse ;
   Sans toi, soleil,
   J'ai tant sommeil !

★ ★ ★

Frère, époux, et maître,
Vous voulez connaître
Ce que je fais là :
Eh bien ! le voilà !

Je vous aime encore,
Comme à cette aurore
Qui commence un jour
Qu'on appelle amour.

Jamais endormie,
Mon âme est l'amie
De vos jours souffrans,
De vos vœux errans!

Je crois que votre âme
Est une autre flamme,
Que la même loi
Ramène vers moi!

Près ou loin, ma vie,
Je n'ai pas envie
D'échapper au sort
Si doux et si fort!

Femme ou demoiselle,
Je demeure celle
Qui cueillit pour vous
Le bouquet d'époux.

Ainsi, je vous aime,
Fidèle à moi-même;
Et je vous attends,
Même après le temps!

POINT D'ADIEU.

Jeunesse, adieu ! car j'ai beau faire,
J'ai beau t'étreindre et te presser,
J'ai beau gémir et t'embrasser,
Nous fuyons en pays contraire.

Ton souffle tiède est si charmant !
On est si beau sous ta couronne !
Tiens : ce baiser que je te donne,
Laisse-le durer un moment.

Ce long baiser, douce chérie,
Si c'est notre adieu sans retour,
Ne le romps pas jusqu'au détour
De cette haie encor fleurie !

Si j'ai mal porté tes couleurs,
Ce n'est pas ma faute, ô jeunesse !
Le vent glacé de la tristesse
Hâte bien la chute des fleurs !

Mais, ô Dieu ! par combien de portes
Reviennent tes jours triomphans !
Et que de fleurs tu me rapportes
Sur la tête de mes enfans !

PLUS DE CHANTS.

A Madame Simonis (Elisa de Knyff).

Enfant d'un nid loin du soleil éclos,
Tombée un jour du faîte des collines,
Ouvrant à Dieu mes ailes orphelines,
Poussée aux vents sur la terre ou les flots,
Mon cœur chantait, mais avec des sanglots.

Frères quittés, doux frères, au revoir !
En parcourant nos chemins sans barrière,
Tous attirés vers la même lumière,

Pour remonter au céleste pouvoir,
Allons tremper nos ailes dans l'espoir !

Pour louer Dieu, dès que je pus chanter,
Que m'importait ma frêle voix de femme ?
Tout le concert se tenait dans mon âme ;
Que l'on passât sans daigner m'écouter,
Je louais Dieu ! qui pouvait m'arrêter ?

Le front vibrant d'étranges et doux sons,
Toute ravie et jeune en solitude,
Trouvant le monde assez beau sans l'étude,
Je souriais, rebelle à ses leçons,
Le cœur gonflé d'inédites chansons !

J'étais l'oiseau dans les branches caché,
S'émerveillant tout seul, sans qu'il se doute
Que le faneur fatigué qui l'écoute,
Dont le sommeil à l'ombre est empêché,
Va plus loin tout morose et fâché.

Convive sobre et suspendue aux fleurs,
J'ai pris longtemps mon sort pour une fête ;
Mais l'ouragan a sifflé sur ma tête,
Les grands échos m'ont crié leurs douleurs :
Et je les chante affaiblis de mes pleurs.

La solitude est encor de mon goût ;
Je crois toujours à l'Auteur de mon être :
Mes beaux enfans me l'ont tant fait connaître !
Je monte à lui, je le cherche partout ;
Mais de chansons, plus une, oh ! plus du tout !

TABLE.

Une Plume de Femme.	1
A celles qui pleurent.	5
Jours d'Été.	7
Ame et Jeunesse.	15
Marguerite.	19
Ma Chambre.	23
Deux Noms.	25
Une Place pour Deux.	27
La Vie.	31
Merci, mon Dieu !	33

Envoi du Livre des Pleurs.	36
Le Grillon.	37
A Madame Li...:	40
Prière de Femme.	41
Au Livre des Consolations.	43
L'Horloge arrêtée.	45
Solitude.	47
A Madame Henriette Favier.	49
Croyance Populaire.	51
Amour.	57
Dieu pleure avec les Innocens.	63
Les Enfans à la Communion.	67
Départ de Lyon.	73
Envoi.	75
Dors!	79
Le Mauvais Jour.	81
Moi, je le sais.	85
Rouen.	87
Un Présage.	95
Prière pour mon Amie.	97
Aux Mânes d'Aimé de Loy.	103
La Ronce.	107

TABLE.

A Madame Récamier.	109
Le Saule.	111
Au jeune Paralytique.	117
Sur l'Inondation de Lyon.	121
Au Poète ~~Solitaire~~ prolétaire.	129
Merci pour ma Fille.	137
Une Prière à Rome.	141
Prison et Printemps.	147
L'Enfant et la Foi.	151
A l'auteur de Marie.	155
L'Église d'Arona.	161
Jeune Fille.	163
La Page Blanche.	165
Le Soleil des Morts.	167
Une halte sur le Simplon.	175
Le Dimanche des Rameaux.	183
***	189
A une belle Marie.	193
Les Poissons d'or.	195
Mademoiselle Mars.	199
Louise de La Vallière.	205
Louise de La Vallière à genoux.	211

Rahel la créole.	213
Un Arc de Triomphe.	215
L'Enfant amateur d'Oiseaux.	219
Caméléon.	223
Le Moineau Franc.	229
La Parole d'un Soldat.	233
Le Baptême d'un Prince.	235
Toi !	239
La Fête de Thomas Moore.	243
Aux trois Aimés.	245
Fête d'une ville de Flandre.	249
L'Enfant béni.	255
L'Enfant abandonné.	257
Au Revoir.	259
Le Rossignol et la Recluse.	261
Le Livre de Prière.	263
Le Salut aux Morts.	265
Une Ame.	269
A mes Enfans.	273
La première Communion d'Inès.	275
Les Amitiés de la Jeunesse.	279
Veillée.	285

Fileuse.	287
Fileuse.	291
Frère, époux et maître.	293
Point d'adieu.	297
Plus de Chants.	299

ERRATA.

Page 152, vers cinquième; lisez :
Assise au seuil de *Dieu*, cette pâle églantine

Page 170, vers troisième; lisez :
~~Dans leur étroit jardin qui~~ viens les regarder;

www.ingramcontent.com/pod-product-compliance
Lightning Source LLC
Chambersburg PA
CBHW071258160426
43196CB00009B/1337